0《ゼロ》から学ぶ「日本史」講義

古代篇

出口治明
Haruaki Deguchi
立命館アジア太平洋大学 学長

文藝春秋

0《ゼロ》から学ぶ「日本史」講義 古代篇

◉目次

はじめに 7

第3章 大国との対決と敗北

第4章 弱い男・強い女・賢い補佐

第5章 モデルは中国「唐風化路線」

第6章 摂関政治と熾烈な権力闘争

第7章 日中交流が育んだ平安文化

第8章 古代篇まとめ 世界史の中の日本

はじめに

この本は、「0《ゼロ》から学ぶ『日本史』講義」と題する、日本の歴史についての週刊文春の連載をもとに加筆修正を行ったものです。連載中から「単行本で読みたい」という読者の皆さんの声をお寄せいただき、本当にうれしく感じました。

もしかすると、意外に思う人がいるかもしれません。

というのも、僕は今まで世界史についていろいろと語ってきましたが、何度も「『日本史』というものはない」と述べてきたからです。

日本の歴史はすべて世界の歴史とつながっていますから、そこだけを切り出すことはできません。世界全体の大きな流れを無視して、個別の国や地域に起こった現象を理解することができるはずがないのです。

それが「『日本史』というものはない」の意味するところです。

ただ逆に言えば、「世界とつながっている、この地域の歴史」はあるわけです。ですから、僕がこれから語っていくのは、その時期、日本列島に住んでいた人々が、世界とのかかわりの中でどのように過ごしてきたのか、ということです。人々はどこから日本列島にやって来て、どのように生活してきたのか。それを世界の歴史の大きな枠組みの中で見ていこう、と。それをまずは古代から始めて、できれば現代まで辿っていければと思っています。

人間が歴史を学ぶ意味は、人間はどうしようもない愚かな動物で、同じ失敗を繰り返しているからです。積み重ねられた歴史を学んで初めて、僕らは立派な時代をつくることができる。歴史に対するこのスタンスは、本書でも変わりません。

そうはいっても、あまり堅苦しく語るつもりはありません。この講義では、僕が学んだ最新のデータや学説をなるべくフランクに話しながら、歴史の面白さを体感してもらえればと願っています。みなさんが学校の教科書で習ったころとは、歴史の「常識」や物の見方が相当変わってきていますので「今はそのように考えられているんやな」という驚きもあると思います。

ただ、僕は専門家ではなく、市井の単なる歴史好きの一市民にすぎません。間違いのご指摘やご意見、ご感想があれば僕あてにお便りをお寄せください。

(宛先) hal.deguchi.d@gmail.com

皆さんの忌憚のないお便りをお待ちしています。最後になりましたが、編集の労をとっていただいた文藝春秋の石井一成さん、田中貴久さん、小田慶郎さんにお礼を申し上げたいと思います。石井さん、田中さん、小田さん、本当にありがとうございました。

二〇一八年一月

立命館アジア太平洋大学（ＡＰＵ）学長　出口治明

第1章

日本人の起源

① 原始、太陽は敵だった

生命の歴史は深海、浅海、陸上のホップ・ステップ・ジャンプ

まずは地球の歴史、生命の歴史からはじめます。なにしろ「0《ゼロ》から学ぶ日本史」ですから、宇宙ができたところからスタートしてみたいと思います。

ごく単純に生命の歴史を述べると、四十億年前に海の底で初めての生命が生まれて、約三十億年前に地球に磁場ができたことで浅い海に上がってくることができるようになって、さらには大気中の酸素濃度が上がってオゾン層ができたことで三・五九億年前に陸上に上がれるようになった――この「深海、浅海、陸上」という流れが、生命の歴史のホップ・ステップ・ジャンプです。

そして生命の歴史で重要なことは「太陽から吹き出す放射線混じりの超高温のプラズマ（太陽風）と紫外線という有害なものをどういうふうに除去するかが、地球上の生命の本質的な問題だった」ということです。

そういう大きな見取り図を頭に描きながら読んでもらえると、わかりやすいと思います。

深海で生まれた「最終共通祖先」は「好熱菌」だった

この宇宙の歴史は、約百三十八億年前にビッグバンが起こったことから始まります。そして四十

六億年前に太陽系ができ、四十五・五億年前に地球ができたといわれています。

地球ができてから五千万年の間に「ティア」と呼ばれる、地球の半分（火星と同じ）くらいの大きさの原始惑星がぶつかってきて、その衝撃ではみ出たのが月だ、というのが今の通説です（「ジャイアント・インパクト説」といいます）。

それから、四十億年から三十八億年ぐらい前のことになりますが、地球上に海が生成されていきます。

これは生命（生物）の起源とほとんど同時期です。このころ、生命が誕生したわけです。

ところで、改めてになりますが、生物とは何でしょうか。

生物の定義は色々ありますが、一番わかりやすいのは「境界」「代謝と恒常性」「複製」の三つです。

まず、植物も動物も「かたち」があって、自分とそれ以外（外界）とを区別する「境界」を持っています。具体的に言えば、細胞膜ですね。

それから「代謝」、つまりご飯を食べてトイレに行くということです。外からエネルギーを得て、そのエネルギーを使って身体を動かしたり新しい細胞に生まれ変わらせたりして、いらなくなった物質を分解して外に出す。そしてそのように物質やエネルギーを外界とやりとりしながら、境界の内側の状態を一定に保つという「恒常性」を持っている。細胞は生まれ変わっているのに、久々に会った知り合いに「お変わりありませんね」と僕らが言えるのは、「恒常性」があるからです。この「代謝と恒常性」を福岡伸一さんは「生命の動的平衡」と呼んでいます。

「複製」は子孫を作ることです。

この三つが揃った「生物」が誕生したのが、四十億年前から三十八億年前ごろの出来事です。最古の証拠となる約三十八億年前の化学化石が見つかっていますから、それよりも前のことだと推測されています。

不思議なことに、地球上の生命は、どれもみなＤＮＡを遺伝物質として使っているし、遺伝情報を担っている暗号がほぼ同じです。

これはつまり、現在の地球上のすべての生命は、共通の祖先から進化してきたことを意味しています。

その存在のことを「ルカ」(LUCA: Last Universal Common Ancestor)、最終共通祖先と呼んでいます。ただし、ルカは最初の生命体ではありません。

では、そのルカとはいったい何者か。

深海の熱水が噴き出す孔の近くに住んでいた、化学物質からエネルギーを取り出すことのできる「好熱菌」だろうと推測されています。

好熱菌とは、四十五度以上(ものによっては百度以上)の高温の環境で生きることに適した微生物です。

「なんや菌か」と思う人がいるかもしれませんが、そこまで高温の環境で平気で生きられる生きものはほとんどいませんから、ルカはなかなかすごいやつなのです。

しかし、なぜこのルカが生まれたのが深海だったと言えるのか。このころは太陽風という、地球近辺に来る時点で約十万度の熱をもつプラズマが、強い放射線を伴って地球にじかに降り注いでいたからです。

当時、この太陽風が届かない深海以外では、生命が生まれることは不可能でした。この時代には、光のエネルギーを使う生きものすらいなかった。光合成をする菌もいなかったので、今の我々のように酸素を使う生きものは存在しなかったのです。

生きものが浅い海に進出できるようになるのは、三十億年から二十七億年前になってからです。それは太陽風すらねじ曲げる、巨大な磁石ができたからです。地球はどうやってそんな磁石を作り出したのか。

次回はそこから始めて、生物が陸上に進出して、約七百年前にヒトの祖先が誕生するまでを辿りたいと思います。

ちなみに、人類が今の日本列島に住みつく

1972年12月、アポロ17号の飛行士たちが撮影した地球。同号乗員は現在まで月面着陸を果たした、最後の人類となっている（Image：NASA）

までに、今回も入れて三回ほどかかります。「アフリカどころか、まだ海からも出えへんのか」と思わず、気長にお付き合いください。

② 大量絶滅とホモサピエンスの登場

地球に降り注ぐめちゃ強い太陽風のおかげで、最初の生命が誕生してから約十億年の間、生物は放射線が届かない深海に住む以外ありませんでした。太陽エネルギーも酸素も使わない、化学合成独立栄養細菌だけの世界です。

有害な紫外線も地表に降り注いでいて、生物は地上どころか浅海にすら住むことができませんでした。

今回は、地球が太陽風と紫外線を除去する装置をつくりだし、そのことで生物が地上に進出できるようになり、人類が地上にあらわれるようになるまでの話です。彼らが日本列島にあたる場所まで辿りつくのは、もう少し先の話です。

地球が巨大な電磁石になった

地球の深海で生命が誕生してから次の段階へ移行する変化のきっかけは、約三十億年前ごろに起きました。

地球の中心部には、核があります。鉄やニッケルなどの金属からできているものですね。これは固体である「内核」と液体状の「外核」からなっています。

この時代になると、内核の外側にある外核がグルグルと回り動くことによって電流が生じ、その電流が地球を巨大な電磁石にしたことで、地球に磁場（地磁気）が生じてきたのです。

この巨大な磁場、つまり磁石の力によって太陽風が曲げられて、二十七億年前ごろには、太陽風が地球にじかに降り注ぐことがなくなりました。

ちなみに、太陽風を防ぐ地磁気のシールドがあの美しいオーロラを作り出しているわけですが、その話はひとまず置いておきます（興味のある方は、ぜひ調べてみてください）。

これで初めて、生物が浅い海に進出できるようになったのです。

そして浅海で光のエネルギーを利用して光合成を行うシアノバクテリア（藍藻）などの細菌（光合成独立栄養細菌）が誕生し、地球に酸素ができ始めます。

その後、十九億年前に全球凍結を機に「真核生物」が生まれます。それまでは真正細菌（バクテリア）と古細菌（アーキア）しかいなかったのが、ＤＮＡが核膜に包まれた構造を有する真核生物が生まれたのです（スノーボールアース仮説）。その後十億年前ごろに、やっと多細胞生物が誕生します。

酸素濃度が高まり、ついに紫外線までカットできるように

多細胞生物が現れてから、地球上では五度の大量絶滅が起きています（ビッグファイブ）。名前は覚えなくてもけっこうですが、一応書いておきますと、オルドビス紀末、デボン紀後期、ペルム紀末（Ｐ－Ｔ境界）、三畳紀末、白亜紀末の五回です。

地球は決して母なる優しい大地などではなく、単なる物理的な塊なので、機嫌を悪くして大噴火を起こしたり、隕石が衝突したりして、生物は何度も大量絶滅してきたのです。

このあと生命にとって重要な出来事を挙げていくと、まず六・三五億年前から始まるエディアカラ紀に起こった「アバロン爆発」があげられます。

さらにそのあと、五・四一億年前から始まるカンブリア紀に起きた「カンブリア爆発」と呼ばれる、大量に新しい生きものが生まれてきた時期のことが有名ですが、その前のエディアカラ紀にも大量の新種生物が誕生していました。ただアバロン爆発で生まれた諸生物は、カンブリア紀に入る前にそのほとんどが絶滅してしまったようです。

そしてカンブリア爆発では、他の生物を食べる生物（従属栄養）が初めて生まれます。食糧が少なくなったからだ、など原因は諸説ありますが、いずれにしろここで「食うか、食われるか」という軍拡競争が起こり、それに伴い生物に歯やカギ爪、骨格や目が生まれ

ベルリン自然史博物館のティラノサウルスの化石。世界でもっとも保存状態の良いものの一つとされている（EPA＝時事）

てきます。それらは他の生物を発見して食べる、あるいは身を守るために獲得されたものです。

カンブリア爆発が「動物の進化史上の大事件」といわれているのは、そのようにして今の動物が共通に持っている「頭がひとつで、骨があって、目があって……」というボディプラン（体の基本構造）が大体完成したのが、この時期だからです。

ここまではまだ、海の中の話です。

生物が陸上に上がれるようになるのは、約六億年前に大気中の酸素濃度が今と同じ二〇％前後に達してオゾン層ができ、紫外線をカットできるようになったあとのことです。

最初は細菌や植物が、その次に両生類などが陸に上がっていきました。これが三・五九億年前から始まる石炭紀の出来事です。

そして二・九九億年前から始まるペルム紀（Permian）と、二・五二億年前から始まる三畳紀（Triassic）の間に「Ｐ－Ｔ境界絶滅」と呼ばれる、古生物学史上、史上最大級の大量絶滅が起こります。

これにより当時生きていた種の九六％が絶滅したといわれています。

それまで（古生代）の陸上生物は両生類が中心でしたが、中生代には恐竜に代表される爬虫類が支配する時代になります。その交替の原因となった出来事がこの大絶滅です。

そして次に訪れるのが、一・四五億年前から〇・六六億年前までの白亜紀、恐竜の世界です。

しかしご存じの通り、直径十㎞の隕石がユカタン半島に衝突して最後の大量絶滅が起こります。

これをもって「恐竜は滅んだ」といわれていますが、今の鳥類は実は恐竜の子孫です。恐竜は鳥に進化して現代に生き残っているのです。

ともあれそこから先は巨大な恐竜の時代ではなく、より小さな哺乳類の時代に入ります。そして七百万年前にチンパンジーとの共通祖先からヒトが分かれ（昔は五百万年前といわれていましたが、今では七百万年前というのが通説です）、二十〜二十五万年前にホモサピエンスが現れます。

このホモサピエンス以外にも、ネアンデルタール人とかデニソワ人とか、旧人類はたくさんいたのですが、それらはみんな死に絶えてしまいました。現在の人類の祖先は、ヨーロッパ人だろうとアフリカ人だろうとアジア人だろうと全てホモサピエンスであり、地球上のどこにもネアンデルタール人など他の人類の子孫は存在しないということが、遺伝子の分析で明らかになっています。

ただ、今の人類の遺伝子を調べると、ネアンデルタール人やデニソワ人の遺伝子がそれぞれ二〜五％入っている。ホモサピエンスは、他の旧人類と交雑していたんですね。

生命の寿命はあと十億年

ちなみに今、私たちが生きている地球がこのあとどうなるかといえば、十億年後には太陽が膨張し始めて地表の温度が上がり、地球上の水がすべて蒸発することで、生命は死滅します。海から始まった生命は、水がなくなれば消滅せざるをえません。

つまり、地球の生命の歴史は全部で約五十億年なのです。そのうちもう、四十億年が過ぎ去ってしまいました。

さらに五十億年後には太陽が赤色巨星になり、今よりはるかに大きくなって地球を飲み込み、地球そのものの歴史も終わるのです。

余談はそれくらいにしますが、深海、浅海、陸上という流れが、生命の歴史のホップ・ステップ・ジャンプだということと、「太陽風と紫外線をどう除去するかが、地球上の生命の本質的な課題だった」ということが、ご理解いただけたでしょうか。

次回は、ホモサピエンスの出アフリカ（グレート・ジャーニー）と、彼らが獲得した「言語」の謎、なぜ人間は複雑な言葉をもつようになったのかについてお話しします。

実は言語の発達には、ホモサピエンスが積極的に肉食をするようになったことと関係があるという説があります。さて、どういうことでしょうか。

③「言葉」は、肉食から生まれた？

ホモサピエンスは二十〜二十五万年前に東アフリカで生まれ、十万年前から六万年前にかけてアフリカを出立しました。現生人類は誕生してから今までの間の半分以上はアフリカにいて、それから世界に散らばっていったわけです。そしてその間に位置する七万年前頃に「言語」を獲得しました（出アフリカと言語獲得は同時だったという説もあります）。

今回は、地球上の生物のなかでホモサピエンスだけが持つ、複雑な言語能力の謎について考えてみます。それには脳の発達が不可欠でしたが、脳の発達を可能にしたのは、おそらく肉食の一般化でした。

人間の会話の本質はウソや虚構やウワサ話？

ネアンデルタール人やデニソワ人のような他の旧人類は、なぜ絶滅してしまったのでしょうか。ホモサピエンスと比べてみた場合、言葉を駆使できるホモサピエンスのボスなら、たとえば狩りをするとき「今や、攻めていけ」とか「ちょっと引け」といったかたちで大集団を統括できます。それに対してネアンデルタール人たちは、ごく簡単な言語しかもたなかった。そうなると、集団としての強さ、資源の奪いあいになったときの効率のよさが格段に違うことが、想像できますよね。

ユヴァル・ノア・ハラリの『サピエンス全史』では「認知革命」と呼べる出来事があった、としています。ホモサピエンスは脳の発達によって、ウソをついたりウワサ話をしたり、陰口が叩けるようになり、ついには神話のような虚構を信じられるレベルまで言語が発達したことで、大グループをマネージできるようになった、と。そうしてネアンデルタール人たちを滅ぼすことができたのではないか、とハラリは語っています（と言っても、ホモサピエンスが戦争によって他の旧人類を絶滅させたという証拠は見つかっていませんが）。

ハラリの考えは、ホモサピエンスは集団が大きくなったために、お互いに毛づくろいすることなどを通じてメンバーの紐帯《ちゆうたい》を維持することができなくなり、ゴシップや歌や笑いを社会的な毛づくろいとして代用した、つまりウワサ話や娯楽を通じた親睦が人間の言葉の起源だ、という進化心理学者ロビン・ダンバーの説にとてもよく似ています。

くわえて、ベネディクト・アンダーソンの名著『想像の共同体』やパリ大学の小坂井敏晶先生の『民族という虚構』などで指摘されている「国家や民族は客観的な実体ではなく幻想（虚構、フィクション）である」、しかしそうした「虚構こそが世界を動かすのだ」という考えを、人類史全般に適用したものでしょう。

肉食で消化を省エネ

話を戻します。

なぜ人間はここまで複雑な言葉を操るようになったのかについての仮説は、大別して二つあるようです。

ひとつは、実用的で利便性のある「コミュニケーション・ツール」として発達した、というものです。

たとえば、南米に住んでいる小さいサルには、このサルを食べる敵が三ついる。大蛇、ピューマ、ワシやコンドルです。このサルは敵を見つけたらキャーとかいう鳴き声を発するのですが、ある学者が研究したところによると、人間には聞き分けることができないけれども、この鳴き声にはどうも三つのパターンがあると。「キャー1」を聞かせたら、他のサルがみんな下のほうを見る。ヘビが近づいてきているぞ、ということです。「キャー2」を聞かせると、周囲を見る。これはピューマが隠れているかどうかです。そして「キャー3」なら、上を見る。ワシだと。

こういうことが研究でわかってきているので、危険性を知らせるような実用的な「コ

スミソニアン博物館で陳列された頭蓋骨。手前がホモサピエンス(クロマニヨン人)、奥がネアンデルタール人(AFP=時事)

ミュニケーション・ツールとして、言語が発達したのだ」という説が唱えられているのです。鳴き声からだんだんと進化して、複雑な言語になったんだろうと。

従来はこの説が支配的でした。

でも、よく考えてみると「敵がいるぞ」というのは、素敵な異性に「好きや」というぐらいの話ですから、複雑な言葉が本当に要るだろうか。表情で伝えるとか、何かモノを贈るだけでも十分ではないか。

そこで出てきた別の考え方は、脳が発達して「思考を整理するためのツールが必要になったので、複雑な言語が生まれた」というものです。

僕はこちらの説の方が腹落ちする気がしています。脳が発達したから考えを整理するために言葉ができて、それがコミュニケーションにも役立つので発達したのだ、と。

人間の脳は、重さで言えば体重の二、三％もない臓器です。ところがエネルギーは体全体の二〇〜二五％以上も使っている。

こんな小さいところにそこまでエネルギーを使っているということは、逆に言えば、体の他のどこかで節約しないとエネルギーが足りなくなることがわかります。

じゃあどこで省エネしているのか。これもいろんな考え方があるのですが、「消化器だ」というのが一番説明しやすい説です。『火の賜物』のリチャード・ランガムはこの説の代表的な提唱者です。

ホモサピエンスが生まれる以前から、人類は火を使い始めています。熱することでラクに肉を食べることができるようになったわけです。

植物を食べている動物の胃腸って、めちゃ長いですよね。牛などの草食動物は胃が何個もあって、大量の草を長い時間と多大なエネルギーをかけて消化しないと十分な栄養が取れないことがわかります。

でも、肉はものすごく高たんぱくな上に、熱せば消化も早くなる。

人間は出アフリカのあと、全世界に散らばっていきました。「グレート・ジャーニー」と呼ばれるこの大移動は、食糧となる大型草食獣(メガファウナ)を追いかけていったものでした。平たく言えば、肉のステーキほしさにあちこちに出向いて行ったわけです。地層を調査すると、大型草食獣が急に消える時期にホモサピエンスの骨がたくさん出てくるのです。「こいつらが食べたんだな」と考えるしかないのです。

つまり、もともと人間は雑食だったのが、消化しやすい焼肉を主食にするようになって、そこで大脳にエネルギーを回す余力が生まれた。そして複雑な言語を使えるようになったと。最近の健康の本で「人間は実は肉食のほうが、年を取ってからも元気でいられる」といわれているのも、納得できる気がします。

さて、言語を獲得したホモサピエンスは、長い旅を経て、ついに今の日本列島にあたる地域まで辿りつきます。

「更新世」と呼ばれる二百万年前から一・二万年前までの氷河時代には、日本列島は大陸とほぼ地続きでした。大陸からゾウやシカが来ていて、その肉を追いかけて陸路で、あるいは海路を通じて人間がやって来た。

それはいつごろか。遺伝子や人骨化石などの分析から、一番古いのが対馬ルート、朝鮮半島から来た人たちで、約三・八万年前から。次が沖縄（琉球）ルートで約三・七万年前から。シベリア経由の北海道ルートが一番新しくて約二・五万年前からだと推測されています。

その後、人間は移動しながらの狩猟採集生活をやめ、一万二〜三千年前に「定住革命」が起こります。ここでもまた、人間の脳に変化があったといわれています。それはどんなことだったのか。次回、詳しく見ていきましょう。

④ DNAが証明した日本人の多様な起源

お待たせしました！　四回目の講義で、やっと日本列島にホモサピエンスが辿りつきましたね。今回は日本にホモサピエンスがやってきて以降の石器時代、縄文時代について、世界史的な現象である「定住革命（ドメスティケーション）」との関わりから見てみましょう。

海部陽介さんらの研究によると、約三・八万年前からの対馬ルートを皮切りに、約三・七万年前から沖縄ルート、約二・五万年前から北海道ルートを通じて、ホモサピエンスが日本列島にやってきたようです。三〜四万年前に日本列島にやって来た人たちは、主に石器を使っていました。

定住により人間の自然界に対するスタンスが大きく変わった

僕は旧石器時代とか新石器時代とかの細かい区分はあまり気にしなくていいと思っています。「石器を使っていたんやで」くらいの理解でいいでしょう。

そして続いて土器が出現します。青森の三内丸山遺跡がおそらくみなさんが抱く縄文人のイメージに一番近いと思いますが、考古学で有名な大平山元《おおだいやまもと》遺跡では、放射性同位元素で調べると、約一・六五万年前の土器が出土しています。

中国では約一・八万年前の土器が長江流域で見つかっていますが、中東では最古の土器が約九千年前。日本の土器は結構古いのです。

ただ「日本は土器が古い。だから文明も古いんや」と言う人もいますが、それは関係ありませんよ。

この時代は、みんな狩猟採集の生活をしています。といっても毎日旅をしているわけではなく、暖かい時などは川の近くで「便利やからここでしばらく暮らそう」というのが普通だったのです。

さてキャンプに着くまでは、赤ちゃんはお母さんが抱いていたと思います。でも、腰をすえたら男達はシカなどを狩りに、女達は木の実を拾いに行くわけですから、赤ちゃんは一カ所にまとめて誰かが面倒を見ていたのでしょう。だから、ホモサピエンスはもともとが集団保育、集団介護だったはずなんです。

「子どもが三歳になるまでは母親は子育てに専念すべきだ」などという、いわゆる三歳児神話は、少なくともホモサピエンス本来の姿ではないのでしょう。保育所に子どもを預けることは、全く問題ありません。僕は、三歳児神話を信奉する人には「上司と二人、マンションの一室で仕事ができますか？」と問いかけています。ほとんどの人は煮詰まりますよね。

また、「縄文人は自然の恵みを大切にし、木の実を拾っては山河に感謝していた」といった調子で、縄文時代を牧歌的でエコロジー的にも素晴らしい時代だったと言う人もいますが、これも大きな誤解です。

人間は、縄文時代からガンガン火を焚いて、勝手に山を焼いては自然を作り替えていました。

そんな狩猟採集生活の終わりは、更新世が完新世になったころ、つまり地球が暖かくなった約一万二、三千年前に始まります。

この時、「ドメスティケーション」と呼ばれる画期的な現象――定住が起こりました。肥沃な三日月地帯と呼ばれるメソポタミアからシリア、パレスチナ、エジプトのナイル川流域を結ぶ地方で定住は始まったとされています。

それまでの人々は狩猟採集の生活を送り、最大百五十人ぐらいの集団で移動していたというのがロビン・ダンバーの説です（この百五十人前後が「人間が自然に維持できる人間関係の上限だ」と彼が提唱したため、「ダンバー数」と呼ばれています）。

狩猟採集時代の人々は「俺たちはビフテキ求めてどこへでも行くで」と考えて移動していました。

それが定住したということは、「俺たちが主人や。この辺りを支配するんや」というよ

三内丸山遺跡の竪穴住居：青森県青森市（時事通信フォト）

うに脳が革命的に変わったことを意味するといわれています。ビフテキを求めた時代と考え方が百八十度変わってしまったわけですね。

このころから、植物を支配する農耕、動物を支配する牧畜、金属を支配する冶金（金属器の使用）など、さまざまな分野で、人間は外界を支配し始めました。たとえば牧畜は、必死で狩りをしなくても肉が食べられる世界を作ったわけですから、劇的な変化です。

そして、自然界の原理をも支配したいと考えて「神」という概念が生まれたといわれています。一万二、三千年前から七、八千年前の間の西アジアで、「これを拝んだに違いない」という像が出土し始めるのです。

この意識の変化が突然か徐々に変わったのかはわかりませんが、ここで人々は移動しなくなった。農耕牧畜社会になると食糧が過剰に生産されるようになります。貯蔵された食糧は富を生み、交易に用いられるようになります。これによって、貧富の差が生じるようになっていきます。さらには王や神官、商人のような食糧生産に直接携わらない寄生階級を生み出し、彼らが生活する場として都市が生まれてきます。

それが「国」が生まれるもとになるわけです。「文明」の誕生です。

日本の縄文時代のはじまりもそのころだ、という説があります。

いずれにしても石器時代から土器を作るようになり、その土器に縄の目をつけるようになったのが「縄文時代」であり、早く見る説で一・六五〜一・四万年前、遅く見る説でも一・二万年前から始まったということです。

ちなみに石器や土器の誕生は、定住とは関係がないとされています。

もちろん定住による土器の発達はあったでしょうが、もともと土器は必ずしも大きいものではないので、移動するときも肩にかけて運べたことでしょう。僕らがハイキングに行くときに水筒を持っていくのと同じです。土器は鉄器に比べたらはるかに簡単に作れますので、運ばなくてもまた作ればいいものなんですね。

日本人はあちこちからやって来た

日本人について、「日本人は単一民族や」と言う人がいます。しかし古人骨などから研究ができるミトコンドリアＤＮＡ（母系遺伝のもの）やＹ染色体ＤＮＡ（父系遺伝のもの）などの詳細な分析から、単一民族説は生物学的には間違いだと証明されています。

ここ二十年ほどでＤＮＡをもとにする研究がとても進み、日本人がどこから移動して来たかの手がかりを与えてくれます。

詳しくは篠田謙一さんの『日本人になった祖先たち』や『ＤＮＡで語る　日本人起源論』を読んでいただきたいのですが、現代の日本人は、はるか昔にアフリカを出発して、アジアのさまざまな地域を経由して日本列島に流入してきたと推定されています。有史以前の長い年月のなかで、人々が西から南から北からやってきて、この地域で混じり合っていったというのですね。

実は、沖縄などを除いた日本列島の人々と中国、韓国の人々のＤＮＡを比べてみると、遺伝子的な多様性は日本の方があるのだそうです。

そもそも「民族」や「人種」という概念自体が文化的なものであって現代の生物学の研究にはなじみませんけれども、そのことを差しおいても、縄文人の起源をひとつの地域の集団に求めることは、とても難しいのです。

さて縄文時代と弥生時代の境は、僕らが習ったころは土器の違いで分けられていました。教科書の最初のほうに出てきますから、装飾が多くて厚めの縄文土器と、シンプルで薄い弥生土器のことを覚えている皆さんも多いでしょう。しかし今は稲作の有無で分ける考え方が有力です。次回は、稲作の普及と、その稲作の生産性を飛躍的に向上させた鉄器が、世界に拡散していった物語について話しましょう。

⑤ 稲作と鉄器がすべてを変えた

前回、大型草食獣《メガファウナ》のステーキを求めて移動していた人々が、日本列島にやってきて、そこに留まった話をしました。定住すると、農業などを行い食糧を生産していく必要があります。なかでも、東アジア圏の人々にとって重要なポイントになるのは、「稲作」です。今回は、世界史的に見ても重要なふたつのものの日本列島への伝来――稲作、そしてそれを支えた鉄器について話したいと思います。

縄文と弥生の境は稲作である

縄文時代と弥生時代は、僕らが習ったころは土器の違いで分けられていました。でも、土器は地域によって出土時期に大差があります。

ですから、狩猟採集の生活が、よりすぐれた食糧増産の技術である水田稲作に切り替わった時期以降が、弥生時代であるという考え方が強くなってきました。

稲作は長江流域で約一万〜七千年前に始まり、紀元前（BC）三千年紀の中頃には山東半島に到達し、朝鮮半島南部には紀元前十一世紀ごろに到達したようです（藤尾慎一郎『弥生時代の歴史』）。

日本の稲作の開始時期には論争があり、以前は紀元前四〜五世紀と考えられていましたが、国立歴史民俗博物館が、放射性同位元素による調査で土器に付着した古代の稲の年代が紀元前十世紀頃であることが判明したという説を出しています。

後者の説に従えば、日本列島での稲作は紀元前十世紀ごろに始まり、紀元前六世紀には西日本全体に、紀元前三～一世紀前半に北陸から東北北部にまで広がったと考えられます。

この稲作に関して、昔は次のように考えられていました。

――日本では、はじめは原始的で単純な技術で稲作をしていたに違いない。だから水路を造って水を引き込む必要のない、低地を利用した「湿田」からはじまった。その後、技術が蓄積されるにつれて、段丘上の森林を切り開いて水路を掘り、人工的に給水しないとコメが作れない「乾田」に変わっていった、と。

これは、ある種の「進歩史観」に基づいた考え方でした。

しかし現在のiPhoneを見ると、アメリカだろうとアフリカの最貧国だろうとほぼ同時に最新鋭の機器が流通していますよね。

「発展途上国では、二十年前のガラケーが好まれるんやで」という話はあまり聞きません。

それと同じで、当時の大陸から見れば後進地域の日本でも、移民とともに、最先端の技術が入ってきたのだろうと現在では考えられています。

遺跡を分析すると、かなり早い段階でほぼ完成された乾田稲作の技術がダイレクトに日本に入ってきていたことが分かります。

以前は「すぐれた武器を持った渡来人=弥生人がたくさん渡って来て、縄文人を戦いで追い払ってしまった」という説も有力でした。

しかしそこまで大きな民族移動があったとしたら、渡来元の大陸や朝鮮半島で大乱があったはずです。

もちろん、中国の戦国時代（紀元前四五三～紀元前二二一年）などには社会情勢が乱れましたので、朝鮮半島にたくさんの人が流れ、そこから日本にも押し出されてきたらしい渡来人の骨が、北部九州や島根、鳥取の沿岸部の遺跡から見つかっています。

ですが、弥生時代に何万とか何十万とかいう単位で人々が渡来してきたと考えるのは難しいんですね。弥生時代の渡来人の骨の分布は、西日本までです。

大規模に移住してきたならもっと東にも進んだでしょうから、それほどたくさんは来なかったようです。

「弥生人と縄文人は入れ替わった」という話ではなく、すぐれた技術を持った人々の流入

吉野ヶ里歴史公園の北内郭：佐賀県吉野ヶ里町（時事通信フォト）

は、少しずつかつゆっくりしたものだったのでしょう。

現代では、縄文人と渡来人は生活スタイル的にも遺伝子的にも、長い時間をかけて融合していったのだろうと考えられています。

日本で「戦い」が起こるようになったのは、弥生時代後期頃からではないかとされています（片山一道『骨が語る日本人の歴史』）。農耕が普及し、食糧生産が豊かになり人口密度も上がり、軋轢が生じるようになったからでしょう。農耕社会が確立すると有力者が現れ、身分の差も顕在化してきます。もっとも、この時期、まだ日本は文字を持っていませんので、詳しいことはわかっていません。

ただ、中国の歴史書『漢書』（一世紀）には「倭人は小さい国に分かれてケンカしとるで」ということが書かれています。

その証拠といえるものが「石鏃《せきぞく》」、つまり矢じりが大きくなることです。これは単に動物を殺すためではなく、人間同士の殺し合いが始まったことをおそらく意味しています。

また、縄文時代は竪穴住居ですよね。それが弥生時代になると、住居は依然として竪穴ですが、高床倉庫ができ始める。

さらに吉野ヶ里に代表されるように、堀をめぐらせた環濠集落ができ始めます。これもやはり敵がいたということを示しています。

稲作が広がって、豊かになったことで、戦争が起きるようになった……。その稲作が発展する上で、忘れてはならないのが鉄器の伝来と普及です。それまで石器でやっていた農作業が、鉄器を使うことで生産性がめちゃめちゃ上ったのです。

西アジアから世界に鉄器が広まった

鉄器技術の流出と伝播は、世界史上、きわめて重要な事件でした。

鉄器は紀元前二〇〇〇年ごろ、西アジアのアナトリア半島で発明され、その地を支配するヒッタイトが、その技術を独占していました。

ヒッタイトは鉄を強力な鋼に鍛える技術によって、農器具や武器をつくり強大な国家を建設しました。

周囲の国々が青銅器で戦っているところを、硬い鋼鉄で襲うわけですから、とても強かった。

ところが、紀元前一二〇〇年ごろ、気候変動により地球が寒冷化したことで、食糧を求めて大規模な民族移動（海の民）が起こりました。

今も難民の移動が大きな問題になっていますが、こうした混乱のなかで、地中海周辺で栄えていたヒッタイトやギリシャのミケーネ、レバントのウガリトなどの国々（文明）が全て滅んでしまいます。

「紀元前一二〇〇年のカタストロフ（破局）」と呼ばれる事件です。

ヒッタイトで厳重に門外不出とされていた製鉄技術も職人たちとともに散り散りになり、長く秘匿されていた技術が西アジア経由で世界中に広まりました。

便利な技術ですから、周辺諸国も青銅器時代から鉄器時代へと移行していき、紀元前六世紀ごろまでにはユーラシア大陸全域に鉄器が普及していきます。

大陸の端に位置する日本にも、この普及の波が押し寄せます。

中国で紀元前五世紀頃に作られた鉄斧《てっぷ》が愛媛県大久保遺跡から出土しており、それが日本最古の鉄器とされています。おそらく鉄を求めて弥生人は海を渡っていたのでしょう。

日本では紀元前三〜一世紀ごろから鍛冶技術が導入されて「鉄器を作れる」ようになりましたが、原料になる鉄は大陸、主に朝鮮半島南部で産する鉄に頼っていました。北九州で文明が最初に興ったのも頷けます。鉱石を用いてたたら等によって精錬するという「製鉄」が自前でできるようになるのは、五〜六世紀の古墳時代まで待たねばなりません。

次回はその古墳時代、邪馬台国からヤマト政権の成立までを見ていきましょう。そこには大陸の大帝国・漢の崩壊というドラマがありました。

第2章

統一国家の誕生

⑥ 漢の崩壊後に確立した倭の王権

紀元前一世紀ごろ、「朝鮮あたりの海の先には、倭人というのがいるで」「小さい国に分かれてケンカしとるそうやで」と『「漢書」地理志』に記されていた日本列島でしたが、時間がたつにつれて次第にまとまっていきます。やがて統一された王権として、ヤマト政権が姿を現してきました。

漢帝国と倭人の「威信財交易」

紀元前二世紀、ユーラシア大陸の東の大帝国、漢が急拡大します。好戦的な武帝（在位BC一四一〜BC八七）の時代で、中国の周辺にいた人々の環境が激変します。朝鮮には紀元前一〇八年に楽浪など四郡が設置され、漢の支配下に置かれました。

『「漢書」地理志』の一節に「楽浪海中に倭人あり。分かれて百余国を為す」と記述されていますが、倭と中国との本格的な交流の歴史はこのころ始まったようです。倭人は楽浪郡（現在の平壌《ピョンヤン》のあたりに中心地がありました）に朝貢していたとみられています。

朝貢とは、目下の国が目上の国に貢ぎものを献上し、受けた目上の側はその何倍、何十倍もの宝物を下げ渡すという、いわゆる「威信財交易」のことです。

中国では、商（殷）や周の時代に、君主が、地方の諸侯を池や水がある治水施設に集め、狩猟や漁労を模した宴会（儀礼）を行い、盃を交わしました。

そしてご褒美として、漁で収穫したものに見立てて、宝貝などを配ります。古代の中国では、宝貝は近海ではとれず、大変貴重なものとして扱われていました。そこで宮廷に献上されてきた宝貝を、忠誠を誓った諸侯に分け与えたのです。後には、青銅器も配られました。宝物をもらった側は「俺は君主の覚えがめでたいんや。もっと尽くそう」となるわけです。

これが、「威信財交易」の原則的な仕組みです。任侠の世界で親分が子分を作るときのようなものです。

これと似たようなかたちで、楽浪郡の役人は、倭人に銅鏡などを配ったのだと思います。「漢の言うことを聞くんやったらええもんやるで」と。

倭人は、今まで見たこともない鏡をもらったと喜ぶわけです。日本に帰ってそれを配下に分け与える。「鏡を百枚もらってきた。おまえにも二十枚やるから俺に尽くすんやで」。

そうして「漢の偉い人からもらったもの」が回っていくことで、紐帯《ちゆうたい》を強めていったわけです。日本人は、中国や朝鮮の人以上に銅鏡が好きだったようですね。

『漢書』の次に中国の歴史書に日本の記述が出てくるのは『「後漢書」東夷伝』です。福岡の志賀島から「漢委奴国王」と書かれた金印が出土したのですが、東漢（後漢）の光武帝から金印を送られた国が九州にあったのです。

それから『後漢書』には、「帥升」と呼ばれる倭の君主が「生口」百六十人を皇帝に献上した、という記述もあります。

生きている口ですから、おそらく奴隷だと解されていますが、当然ながら体の弱い人を献上しても喜ばれないでしょう。ですから「体が頑健で地頭の良さそうな人間を集めました。ひとつ使ってやってください」ということだったんだと思います。

漢の時代には、奴隷一人が銅鏡五十~百枚ほどの価値がありました。

ずっと後の時代の話になりますが、九世紀から十六世紀ごろの中央ユーラシアでは、マムルークがおおいに活躍しています。マムルークとは奴隷出身の軍人のことです。

その多くは屈強なテュルク系遊牧民（突厥やウイグルなど）の末裔であるトゥルクマン（後のトルコ人）の出身でした。若い三男や四男、なかでも健康で賢そうな者を、目ざとい商人が奴隷、というより養子待遇で貰いうけて、学問や武術を教え、イスラム諸国の君主に売っていたのです。君主は、彼らを自分の親衛隊に使いました。マムルークたちはやがて大きな力を持ち、自分たちの王朝をいくつも打ち立てるまでになります。

「生口」とは、マムルークのような人材の朝貢だったのだと思います。

帝国崩壊と、周辺諸国の王権確立

そのあと東漢（日本では後漢と呼ばれています）が崩壊するという大事件が起こります。

地球が寒くなったからです。気候が良いときはお米がたくさん穫れますから、たくさんの人が養えます。しかし気候が悪くなって倉庫に食糧がなくなると、軍隊も官僚も養えず、大帝国が維持できなくなるのです。

東漢が滅亡し、中国は魏・呉・蜀の三国時代に入ります。するとまわりの地域では何が起こるか。

重しがとれて、朝鮮や倭という、周辺諸国の王権が確立していきます。

それは、お墓（古墳）が大きくなることで証明できるんですね。

漢という大帝国から鏡などをもらってひれ伏している時は「あんまり立派なお墓を作ったら『生意気や』とどつかれるかもわからん」と遠慮していたのが、漢が弱ってくると「俺たちももうちょっと威張ってもいいかもしれない」と考えるようになるのです。

後漢書の次に中国の歴史書に出てくる日本の記述は、いわゆる『「魏志」倭人伝』です。

この一節は正しくは、『魏志』（魏の国の歴史）の「烏《う》丸《がん》鮮卑《せんぴ》東夷《とうい》伝《でん》倭人条」といいます。烏丸、鮮卑、東夷といった、中国からみて東北地方に住む人々の地域の中の、倭人たちの話というわけです。

卑下する必要は全くありませんが、当時の

江戸時代に志賀島（博多）で発見された「漢委奴国王」金印

中国からみた日本の位置付けはこんなものだったんだなということがよく分かるので、ファクトとして書いておきます。

同書によると、二世紀後半に倭は卑弥呼という君主をたて、邪馬台国としてまとまった、そしてこの人は「鬼道」に通じていた、要はシャーマン、巫女だったと。

魏は曹操という極めて優秀で知的な人間が始めた国でしたから、「東のはずれには、昔の人間がやっていた呪術でまとまっている国がまだあるのか」くらいの認識だったのかもしれません。

その後、晋による短い統一（二八〇〜三一六）があったものの中国は再び分裂の南北朝時代に入ります。三〜四世紀頃から中国の朝鮮や日本に対する影響力は著しく低下しました。

日本では、古墳などから三〜四世紀ごろにはヤマト政権が成立していたと考えられています（なお昔は「大和朝廷」などとも呼ばれていましたが、現在では「朝廷」と呼べるほどきちんとした組織があったとは考えられていないのでヤマト政権と呼ぶのが一般的です）。

その傍証のひとつは、高句麗の全盛期を築いた広開土王（好太王）の碑に、百済と結んだ倭が四〇〇年と四〇四年に朝鮮半島に出兵し、高句麗と戦ったことが記されていることです。海外派兵にはそれなりの王権の確立が不可欠です。

二二〇年に漢が滅亡したころから五百年近く朝鮮では争いが続き、三一三年に楽浪郡、帯方軍が滅んだ後、四世紀半ばから高句麗、百済《くだら》（三四六年建国）、新羅《しらぎ》（三五六年建国）の三国時代に入ります。中国の東北地方（満州）を拠点とする高句麗が台頭したのは、ＢＣ一〇〇年頃と考えられていますが、百済や新羅の建国年を見ると、いかに楽浪郡等（中国）の重しが大きかったかが推察されます。

　ところで、小国同士が争っているときには、一般に傭兵（助っ人）を出すと喜ばれます。だから倭は九州から派兵したのでしょう。

　ちなみに広開土王碑の出兵の記録と『日本書紀』の「任那日本府」の記述などを合わせて、この時期に、鉄を産した朝鮮半島の南部に倭の支配地があったと昔は教えられていました。ですが、現在の研究では、この地に地域的な統一体があった証拠がないので、倭の傭兵たちの軍事基地、駐屯地のようなものがあったのではないか、と考えられています。三国時代に入っても朝鮮半島の南部（伽耶《かや》もしくは加羅）は小国が分立しており、倭や（国境を接する）百済、新羅の勢力が入り乱れていたのでしょう。

　さて、中国の重しがとれて、ヤマト政権が確立して大きくなった日本の古墳ですが、あの独特の前方後円墳に変化していった理由を次回は探りましょう。

⑦ 巨大古墳ができたわけ

前回は、漢が崩壊して中国が混乱状態になり、日本や朝鮮では「俺たちが独立しても大丈夫やな」と、王権が確立した話をしましたね。

倭の王たちは、大陸に対して自己主張をするようになりました。中国で君主の墳墓が小さくなった時期に、倭では対照的に墳墓を巨大化させたのです。なぜ王墓が大きくなったのでしょうか。

※

五世紀に入ると、南朝の『「宋書」倭国伝』に「倭の五王」の記述が出てきます。四七八年、倭王、武が宋に上表文（君主への文書）を送っています。武が誰にあたるのか、日本では雄略天皇（オオハツセワカタケ）の本名がワカタケルに酷似しており、稲荷山（埼玉）や江田船山（熊本）の古墳から出土した鉄剣や大刀にワカタケルと読める銘文が見つかっていることから、雄略天皇の時代にヤマト政権の影響が広範に及んでいたことが想定されています。そして武がタケルに通じることから、「武＝ワカタケル＝雄略」という推測がなされていますが、いくつも飛躍があるので、倭の五王についてはまだ確かなことは言えそうにありません。

当時、中国は南北朝時代です。北朝のほうが強かったのに、なぜそちらに上表しなかったのか。ライバルの高句麗が北朝に朝貢していたからという説が有力です。もっとも、高句麗など朝鮮半島の国々は、南朝にも朝貢してしっかり保険をかけています。

倭の王は南朝（宋）に対し「自分を倭の親分だと認めてください」というお願いとともに、「南朝鮮の支配者の称号をください」と軍事権を求めています。朝鮮半島の南部で産出する鉄を求めていたので、中国のお墨付きが欲しかったのでしょう。

北朝は朝鮮半島に近く、朝鮮半島の軍事権は彼らの利権とかち合ってしまいますが、南朝の本拠地は長江の南。遠い地域の話なので称号をもらいやすいと踏んだ。そんな仮説も成り立ちます。

見栄重視の日本の古墳

この時期、中国との関係で注目すべきは、お墓（古墳、王墓）です。

日本はまだ文字がない時代ですから、君主の権力の大きさを見るには、お墓がわかりやすい。この点に関して森下章司さんの『古墳の古代史』が参考になります。

紀元前一世紀〜一世紀、九州北部に楽浪郡（朝鮮半島に設けられた漢の行政区）からの渡来品を含む器物を副葬した墓が登場します。

二世紀には、大きな墳丘をもち、他の墓から独立した墓が現れます。

そして三〜四世紀になると、巨大な墳丘と豊富な副葬品を備えた「王墓」が登場する。これが大まかな流れです。日本の王墓は、中国の真似から始まっています。

前方後円墳は弥生時代から見られる円丘墓と、そこに付けられた陸橋の組み合わせが独特の発展を遂げた、と考古学では考えられています。その前方後円墳を形作っているのは、四角（方）と丸（円）です。

中国には昔から天と地に神さまがいて、天は丸くて地は四角、という考えがあります。これは見た目から来ているのだと思います。

天は半円に見えますね。対して地面は平らで四角い。

西漢（前漢）まではおそらく「お墓は地」ということで王墓は四角形でした。ところが東漢（後漢）から「皇帝の墓は天」という思想の変化でもあったのか、円墳になります。

その後の三国時代は乱世であり、人口も激減したことで薄葬、質素な墓になります。合理主義者だった曹操父子の思想もあったのでしょう。

大規模な陵墓が復活するのは五世紀末、南北朝時代の北魏からです。

一方、中国で墓が質素になる前後、三世紀の中頃から、日本では前方後円墳が現れ一気に広がります。

この日本の古墳には中国と大きく異なる特徴があります。

中国の王墓は基本的に地底墓でした。地面に大きい穴を掘って、そこに埋めた。なかはとても豪華です（始皇帝陵の地下宮殿など）。春秋時代末期からは墓の上に丘も作りました。ところが日本の古墳には、地下に立派な構造の墓槨《ぼかく》を作った形跡が見られません。石槨《せっかく》もそれほど大きくない。でも墳丘はもりもりです。なぜか。

前方後円墳の中で一番大きいのは堺にある大山《だいせん》古墳（伝仁徳陵）です。近くにたくさん巨大墓が並んでいます（百舌鳥《もず》古墳群）。

これらは海岸線に極めて近く、海から見えるところにありますね。

当時の先進国は中国、朝鮮ですから、九州から入ってきた人たちが大阪の港に行くときには、瀬戸内海を通ります。すると船上からキンキラキンのばかでかいお墓が見える。「何や、あれは」「わが国の王墓です」「そうか、ちょっとこれは倭国をなめたらあかんな」

そんなわけで中身よりも外面《そとづら》重視で格好をつけたのかもしれません。効率的に少ない経営資源を配分したとも考えられますね。

戦国時代の織田信長が天守閣を作ったのも、「信長さまはやっぱり違うな」と天守を見た人間に思わせるためでしょう。人間の考えることは、時代が違えど同じだと思います。

邪馬台国の謎

この前方後円墳に大量に埋められていたの

大山古墳（大阪府堺市提供　時事）

が、三角縁神獣鏡《さんかくえんしんじゅうきょう》でした。

外周の縁が三角になっており、神獣の文様のある銅鏡です。卑弥呼が魏からもらったものが原型であるともいわれるこの銅鏡には、「中国製か日本製か」という論争があります。

しかし不思議なことに、この鏡は中国では出土していません。だからこれは日本に来た中国人が作ったと考えるのが自然だと思います。

日本のように銅鏡好きな国があって「あの国、鏡がめちゃ売れるで。ふっかけても喜んで買うよ」となったら、職人が日本にやってくる十分なインセンティブになります。

もうひとつ議論があったのが青銅器である銅鐸《どうたく》、銅矛《ほうこ》です。銅鐸は近畿からたくさん出土する。銅矛は北九州から出る。だから銅鐸文化圏、銅矛文化圏がそれぞれあった、というのが昔の議論でしたが、発掘が進むにつれ出雲など、どちらもたくさん出土するケースが現れ、今ではそんな文化圏の話は聞かなくなりました。

ただ銅鐸や銅矛は、前方後円墳が出現して、三角縁神獣鏡が出回る頃に姿を消すんですね。三世紀の中頃に、前方後円墳という変わったお墓ができて、全国にパッと広まった。そこにはやはり中国との関わりのなかで大きな刺激を受けたのではないか、というのが大体現在の考え方になっています。

中国はどうも三国に分かれて争っているらしい、ぼやぼやしていると倭も巻き込まれそうやで、と。それに対して統一政権を象徴するでかいお墓を作ろう、ということだったのかもしれません。

「邪馬台国は近畿か九州か」という争いとも、前方後円墳登場の謎は関係しています。

実は近畿（大和）地方には、前方後円墳が登場する前の弥生時代につくられた大きいお墓がありません。たとえば岡山にある楯築《たてつき》墓（弥生時代終末期の墓）は円丘に突出部があり、前方後円墳のルーツともいわれる大きなものです。

一方で、九州の福岡県糸島市にある平原《ひらばる》一号墓をみると、前方後円墳が広がる以前、弥生時代の後期から末期のお墓でサイズは小さいのですが、多数の銅鏡、青銅器などが出土しています。同時代の墓のなかではぶっちぎって副葬品が豊かなのです。

これは「中国との交易が盛んだった」だけではなく、大きな権力が九州にあったと考えざるをえません。

奈良県桜井市にある、前方後円墳として最古のクラスである箸墓《はしはか》古墳が三世紀半ばのものと推定され、付近にある纏向《まきむく》遺跡とともに「邪馬台国では」とする説がありますね。個人的にはいつか箸墓古墳を掘り起こしてみてはと思います。邪馬台国論争に決着がつくかもしれません。

邪馬台国ははたしてヤマト政権と地続きなのでしょうか。いまも多くの謎が残っていますが、次回は次の世代を見ていきましょう。

⑧いまの天皇家は西暦六世紀から

前回は、巨大古墳が生まれた背景を見てきました。大陸からの使者を驚かせた前方後円墳。今回はそこに葬られているであろう大王（天皇）を見ていきましょう。

戦前は憲法にまで〝万世一系〟と記された日本の天皇家ですが、通説では現代と系図がはっきりつながるのは、六世紀の第二十六代、継体天皇（ヲホド王）からとされています。

つまりヲホド王以前は、大王家には、幾つかの系統があったかもしれない、ということですね。

越前からやって来たヲホド王

僕らの頃は歴史の授業でこの時代の政権を「大和朝廷」と習いました。今は「ヤマト政権（王権）」と呼ぶのが普通です。

以前にも書いた通り、「朝廷」という言葉は霞が関のような中央集権的な組織や場所の印象を与えますが、この時代にそういうものがあったという確証はありません。また、「大和」という地名表記自体が八世紀に確立したものであるため、本書ではカタカナでヤマト政権としています。

さて四世紀半ばごろに確立したヤマト政権ですが、興味深いことに四世紀の第十代・崇神天皇の和風諡号《しごう》（没後に名づけられる名前）や一族の名前には「イリ」が入り、五世紀の第十五代・応神天皇から後には「ワケ」という言葉が入っています。

崇神天皇は御間城入彦五十瓊殖天皇（ミマキイリビコイニエノスメラノミコト）、応神天皇は誉田別命（ホンダワケノミコト）と呼びます。

こういったことなどから、「イリ」と「ワケ」それぞれ別の王家の系統があったのではないか、と考える説が生まれました。

その説によれば、イリ系王朝は奈良の三輪山、ワケ系王朝は河内を基盤としたもので、その後、越前（北陸）から来たヲホド王に替わったため、王朝が交代したのではないかと議論されてきました。これが「三王朝交代論」です。

しかし、ヤマト政権が有力豪族の連合体であり、大王は唯一絶対の権力者というよりは彼らの利害の調停者だったと考えれば、明確に「交代した」というより、三輪がしばらく大将を張ったあと河内が大将を張る、というかたちで連合政権を運営していたのではないでしょうか（こちらの説はいわば「王権輪番制論」です）。

いずれにしろ、今の奈良県から大阪府へと流れる大和川周辺が、当時の政治の中心地でした。大陸から来た人々は瀬戸内海を通り、船で大阪に入ってきた。地図を見てもらうとわかりやすいのですが、大和川水系の下流域が河内系、上流域が三輪系です。

河内の大王が取り仕切っているときに、大山古墳などを造って大陸の人に見せたのでしょう。

五〇七～五三一年頃に王位にあったとみられるヲホド王（継体天皇）は、前出のイリ系、ワケ系とは系統の異なる大王とされています。

ヲホド王は琵琶湖の北の越前に住んでいた「応神五世孫」、つまり応神天皇の末裔といわれています。資料の整備された現在でも五世遡って先祖の名前が言える人はほとんどいません。ましてや文字も資料もなかった時代です。一応、系図は伝わっていますが、これほど王統から遠く離れていた系統から出たのでは、これまでとはまったく違う系統と考えていいでしょう。このため、多くの学者は「今の天皇家はヲホド王から始まっている」と考えているのです。

ヲホド王が越前から迎え入れられたのは、その前にヤマト政権のなかで大将を張っていた人が亡くなり、大和川水系の中から選ぶのでは、どうにもまとまりがつかなくなったからでしょう。

ヲホド王を迎え入れることを決めたのは、大伴氏や物部《もののべ》氏、巨勢《こせ》氏といった大和川水系の豪族たち、なかでも当時一番の実力者であった大伴金村だといわれています。

とはいえ、当然のことながらこの王位継承には反対勢力がたくさんいました。

そのため、ヲホド王は二十年くらい大和に入れませんでした。それでも大王でいられたのは、淀川水系（近江、越前など）の人たちが支えていたからだと思われます。

淀川は滋賀県の琵琶湖から京都、大阪へと流れています。その淀川流域、大阪府高槻市にある今城塚の古墳がヲホド王の墓に間違いないといわれています。

ここは宮内庁から天皇陵に治定されておらず、発掘が行なえます。

二〇〇一年の調査では、武人や巫女、大型の家屋などたくさんの埴輪による祭祀区が設けられていたことがわかりました。また後世の地震で粉々の状態にはなっていましたが、古墳に納められた三つの石棺のひとつは、熊本県宇土市産の石がつかわれていたことがわかっています。

ヲホド王は即位するにあたって、大伴金村の推挙で、第二十五代、武烈天皇の姉妹である手白香《たしらかの》皇女《ひめみこ》と結婚しました。第二十四代、仁賢天皇の皇女、第二十一代、雄略天皇＝ワカタケル大王の孫娘である皇女と結ばれて、それまでの系統をつないだのです。

名家が別の家系から婿養子を取る発想ですね。ヲホド王は大和川水系の豪族たちにとって、遠く琵琶湖の北から来た〝よそ者〟でしたので、既存の勢力と合体して、王位の正統性を担保したのでしょう。

ヤマト政権の倭国統一

このころ朝鮮半島では高句麗、百済《くだら》、新羅《しらぎ》の三国の争いが厳しくなっていました。

五二七年、九州の豪族、筑紫君磐井《つくしのきみいわい》による「磐井の乱」が起こります。朝鮮半島南部に出兵しようとしたヤマト政権軍を、磐井が阻んだことが乱の発端とされています。

ヤマト政権は伝統的に百済との関係が深

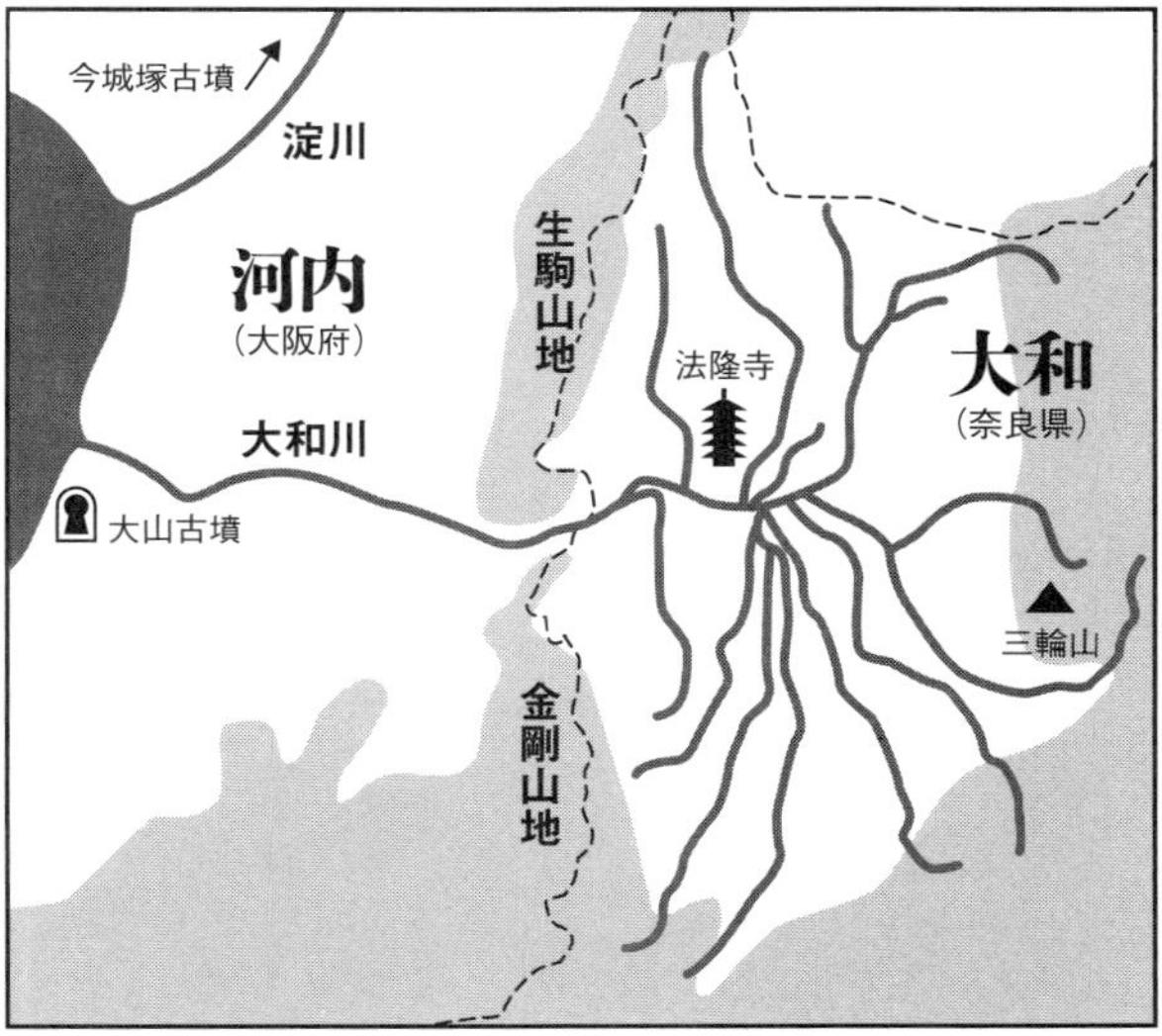

大阪平野と大和盆地を結び、「ヤマト政権」の中枢部となった大和川水系。（国土交通省サイトを参考に作成。大和川は江戸時代に付替えられた。図は現在のもの）

く、一方で磐井は新羅と結んでいたようですから、九州とヤマトの内乱というだけではなく、朝鮮半島での三国の争いの影響、代理戦争の側面があったともいえます。

その後、ヲホド王のバックをつとめ、この磐井の乱でもヤマト政権軍を率いて活躍した大伴金村は、百済からの賄賂を受け取って朝鮮半島南部の利権を譲り渡したとして、失脚することになります。

ここで筑紫君磐井が敗れたことで、大陸との交流で隆盛を誇っていた九州の勢力は衰え、ヤマト政権の直接支配が進むことになりました。

その支配のための地方統治の仕組みも、各地に整備されていきました。

ひとつは、「国造《くにのみやつこ》」――「造《みやつこ》」とは大王に仕える集団の長です。すでに力を持っていた地方豪族(首長)を、ヤマト政権の地方長官である「国造」という地位に据えていきました。

軍事権や裁判権、徴税権を委任した各地の地方豪族、国造に、ヤマト政権は「ミヤケ(屯倉)」や「部《べ》」を管理させたといわれています。

ミヤケは「屯家」「御宅」などとも表記されますが、ヤマト政権が支配する特別な「やけ(宅)」、徳川政権で言えば長崎のような直轄地のことだと考えられています。

部は中国の部曲《かきべ》から来たもので、王権私有の職人集団のようなものです。機《はた》を織る人(服部《はとりべ》)や弓を作る人(弓削部《ゆげべ》)、川渡しに従事した人(渡部《わたりべ》)など様々な人々がいました。

こうしてだんだんとヤマト政権は、「朝廷」らしく、中央集権国家らしくなっていきました。

⑨「仏教伝来」のインパクト

ヤマト政権は、越前から入って大王位を継いだ継体天皇（ヲホド王）を中心に、中央集権化を進めていきました。

そして継体と手白香皇女《たしらかのひめみこ》の息子、欽明天皇の時代になると、五世紀に活躍した古代豪族・葛城氏の一族ともいわれる蘇我氏が勃興してきます。

この時代に大きなトピックとなるのが、仏教伝来ですね。ただこのとき受容するかどうかの争いとなった仏教は、戦国時代以降盛んになった浄土教や禅宗など僕たちが良く知っている民衆仏教とは、かなり様相が異なります。

別格扱いだった蘇我氏

蘇我氏勃興の端緒をひらいた蘇我稲目《いなめ》の地位は「大臣」というものでした。「おおおみ」とか、「おおまえつきみ」と読みます。

ヤマト政権は、有力な豪族たちに「姓《かばね》」を与えていました。そのなかで位の高いものが、「臣《おみ》」と「連《むらじ》」です。

「臣」はもっぱらヤマト政権を支えてきた古い豪族たちに与えられ、「連」はヤマト政権の役職とつながり製鉄や武器生産、軍事を司る氏族に与えられてきました。

そして地元を離れ、都で大王を支える豪族（群臣会議に出て大王に意見を述べる地位の者）たちを「大夫《まえつきみ》」と呼んでいました。大王の前にいる君という意味です。

なかでも政治手腕に長《た》けた蘇我氏が次第に台頭し、大臣として別格扱いの地位に昇ったようです。ちなみに大伴金村や、やがて蘇我氏のライバルとなる物部《もののべ》氏は、「大連《おおむらじ》」と呼ばれていました。

蘇我稲目の二人の娘は欽明天皇に嫁ぎ、ひとりは用明天皇と推古天皇の生母に、もうひとりは崇《す》峻《しゅん》天皇の生母になります。これ以降、聖武天皇まで、天皇の生母は皇族か蘇我氏しかいません。

のちに光明子の立后にあたって「なぜ臣下の家の藤原氏が皇后を出すことができるのか」と大論争になったことが、蘇我氏が特別な氏族だったことの一つの傍証となります。

王権を正統化した国家仏教

蘇我氏の方針は、開明的でした。

政治はいつの時代でも保守派と開明派の間で振れていますが、蘇我氏は後者の立場でした。進んだ文化を持つ大陸の動きに敏感であり、渡来系の東漢《やまとのあや》氏を配下にした一方で、保守派で排仏派の物部氏らと政治的に争っていました。

大王家と結んで政治を司る蘇我氏にとって、百済《くだら》から仏教を受容することは最も重要な政策の一つでした。

僕らは五三八年の仏教伝来を「ホットケゴミヤサン」と語呂合わせをして覚えましたが、仏教の伝来と受容は、「何年に誰々が伝えた」といった簡単なものではありません。仏教はこの前後に何年もかけて伝えられたのです。

拙著『仕事に効く教養としての「世界史」』にも書いたように、このときの仏教は中国伝来の国家仏教です。その前段から話しますと、古代中国には「易姓革命」という王朝交代のロジックがありました。主権は「天」、天上にいる神様が持っているという考え方です。

「気候が悪化するのは、天が今の政治のダメさ加減を警告しているからや、それでも政治が改まらなければ人民に反乱を起こさせて王朝を取り替えるのや」。この思想は孟子が作りました。

ところが、華北を統一して五胡十六国時代を終焉させ「北魏」を建国した拓跋部《たくばつぶ》（北東ユーラシアに大遊牧国家、鮮卑《せんぴ》を築いた有力部族の一つ）は中国人ではありません。

中国人ではないので「天命により政権を担

雲崗石窟の如来坐像：中国・山西省大同（時事通信フォト）

うことになった」とは言えないのではないか、と自らの正統性について悩みます。

そこで飛びついたのが「仏教によって国を治める」という「国家仏教」の理論です。皇帝は仏の生まれかわり、官僚や軍人は菩薩であり、中国人民は救いを求めている衆生である、という西域伝来の教えです。

世界遺産としても有名な雲崗《うんこう》の石窟がありますね。あそこに並ぶ石仏は北魏皇帝代々の似姿です。

もちろん、中国でも仏教を受け入れるかどうかで激しい争いが起こりましたが、北魏は大体において仏教を大事にし、その後の隋の文帝や唐の高宗、武則天《ぶそくてん》も仏教を重んじています。

少し先走ると、日本もこのあと国家仏教を取り入れ、奈良時代には国分寺・国分尼寺を建立します。そして七五二年の東大寺の大仏開眼へと至ります。この路線を最初に敷いたのが蘇我稲目でした。

稲目の時代に話を戻しますが、当時の日本にとって、「仏教」とは御仏の尊い教えというだけではなく、先進国が奉じる新しい国家統治の考え方であり、さらにそこには新しい科学技術も含まれていました。

仏教には、様々なものが付随してきます。教えを目に見えるかたちにして、文字の読めないような人にも説明(見える化)するために、仏像やお寺、お経、法具、お香など一連の装置が必要なのです。

キリスト教にしても、立派な教会のきれいなステンドグラスに光が射し込むなか、荘厳なオルガンの響きに包まれて、みんなで神を讃える歌をうたって、体感的に「ありがたい」と思うわけですね。

そういった仕掛けを作り上げるために、当時の最先端の高度な知識や技術が注ぎこまれています。当時の日本は、仏教を奉じて大きな寺や石窟をつくっている中国、朝鮮を見ているわけですから、「もう古墳の時代やないな」「受け入れたほうが得や」と考えたのでしょう。

実のところ、開明的なポジションの方が、経済が成長します。

排仏では今までのままですから、仕事も増えないし成長のチャンスもありません。仏教を受け入れれば、大きいお寺や美しい仏像、きれいな法具などが必要です。いままでにない新しい有効需要が生まれ、そこにひとが集まり、勢いが生まれます。ゼネコンが喜ぶというわけです。

最新の思想と技術を手に入れた対価は？

いま日本は最新の戦闘機をアメリカから一機百億円以上払って買い付けています。しかしその戦闘機の心臓部分はブラックボックスのままです。

軍事同盟を結んでいても、最新鋭の技術体系はおいそれとは教えてもらえません。

ではなぜ百済は、当時の倭に仏教のみならず、儒教を教える五経博士や暦を教える暦博士、医博士・採薬博士といった医療情報、土木、建築、工芸の技術までをも与えたのか。

『日本書紀』では任那（朝鮮半島南部）を百済に割譲した御礼とされていますが、実態は、倭が百済に軍事支援をしていたからでしょう。

高句麗、新羅《しらぎ》、百済の三国が争う中では、軍事的な支援（傭兵）は何よりもありがたかったはずです。

相撲でもがっぷり四つに組んで、どちらも引かないところに、ひとり後ろから押してくれる助っ人がきたら、心強いですよね。

高句麗の広開土王の碑には「倭の軍隊を打ち破った」旨が書かれています。小競《こぜ》り合いではなく、苦労して退けたからこそわざわざ碑に記しているのです。

朝鮮との交流で、日本は様々な先進的な文物を手に入れ、発展していきました。こうした流れを味方につけた新興勢力の蘇我氏は勢いを増し、排仏派のライバル、物部氏を圧していくようになるのです。

さて仏教といえば聖徳太子の活躍が学校では教えられてきましたが、次回は聖徳太子についての最近の考え方をご紹介しましょう。

⑩「聖徳太子」はいなかった?

五八九年、中国では北朝から興った隋が南朝を打ち破り、全土を統一しました。漢が滅んでから三百七十年近い歳月が過ぎていました。

気候が安定して、食糧がたくさん生産できるようになったことで、大勢の官僚や兵士を養う大帝国の維持が可能になったのです。

この天下統一の余波は周辺諸国に広がります。日本は約百二十年ぶりに使節を中国に派遣しました。

その頃日本では、蘇我稲目《いなめ》の息子、蘇我馬子が五八七年にライバルの物部《もののべ》氏を滅ぼして権勢を確立。その後女帝、推古天皇（在位五九三〜六二八）を立てました。

僕らが歴史の授業で習ったころ、この時代のカリスマといえば、一万円札の顔を飾った聖徳太子でした。

しかし、現代では聖徳太子に対する理解は大きく変わっています。

推古天皇と蘇我馬子

ところでこの当時の日本には譲位の慣習がなく、基本的に大王の位は終身でした。先の大王が亡くなると、次の大王は群臣たちが合議により推挙して決めていたのです。

仏教が伝来した欽明天皇の後、その子どもたちである四人の天皇（敏達《びだつ》、用明、崇峻《すしゅん》、推古）が続きます。用明天皇も推古天皇も、その間の蘇我馬子の手の者に殺された崇峻天皇も、お母さんは蘇我稲目のお嬢さんたちでした。

事実上、天皇家は「祭祀とY染色体（男親）」を、蘇我氏は「政治とX染色体（女親）」を受けもつという役割分担の時代だったと思われます。

崇峻天皇は大伴氏からキサキを娶ったり、蘇我氏を中心とする豪族の意向に沿わなかったために、馬子に暗殺されたといわれています。

「東アジア最初の女帝」とされる推古天皇は、甥の聖徳太子を摂政（皇太子）にして五九二年に即位し、政治については、叔父の蘇我馬子と聖徳太子の二人に任せた、といわれてきました。

ですから、かつての教科書では、この時代の出来事——法隆寺の建立、冠位十二階の制度や十七条憲法の制定、遣隋使の派遣などほとんどの業績が、摂政の聖徳太子に帰せられていました。

このような見方に、現代では大きな疑問符がつけられています。

その発端となったのが、歴史学者の大山誠一氏の研究です。「いわゆる〝聖徳太子〟は実在しなかったのでは」という刺激的な問題提起は、一般向けに出版された『〈聖徳太子〉の誕生』（一九九九年）で、広く知られるようになりました。

聖徳太子のモデルとなった厩戸王《うまやどのおう》（用明天皇の子）が、当時有力な王族として実在していたのは確かです。彼が、法隆寺を建立し、仏教を大切にしていたのは間違いのないところでしょう。

しかし現代の通説では厩戸王の政治への関与の度合いはほとんどわかっていない、とされています。

そもそも皇太子という地位や摂政という職位が、当時存在していたのかどうかという大きな疑問があります。中国にならった十七条の憲法も、百年後に編纂《へんさん》された『日本書紀』の頃の実情にそったものではないか、という有力な指摘もあります。

面白いことに、大王の前で順位を付けて、臣下のえらさを定めた冠位十二階からは、王族と蘇我氏が除かれています。王族が除かれることはわかりますが、蘇我氏まで除かれている。蘇我氏はいってみれば、この頃準王族扱いだったのです。

のちに『日本書紀』を記す時、蘇我氏直系を滅ぼして仏教で国を治めようと考えた藤原不比等たちは、自らの正統性を示すために蘇我氏を悪役に仕立て、代わりに仏教を取り入れて律令国家を目指した先人を必要としまし

蘇我馬子の墓といわれる石舞台古墳：奈良県高市郡明日香村

た。

そこで子孫が絶えた厩戸王を聖人・聖徳太子に仕立てて、蘇我馬子の功績を移したのではないか……という見方もできるのです。

隋の統一の衝撃

大帝国、隋の誕生を受けて、推古朝の為政者たちは倭の五王以来、約百二十年ぶりに中国に使者を派遣しました。幕末、咸臨丸でアメリカに渡った時の人々のように派遣された人々は、隋の隆盛に「スゴイ、ヤバイ」と思ったに違いありません。

昔の歴史の教科書では、六〇七年の小野妹子による第二回遣隋使の話が重視されていました。実は第一回、六〇〇年の遣隋使は、『隋書』には記載があるものの、『日本書紀』にはありません。ですが、最初の遣隋使の方が、日本に与えた衝撃という点ではより重要です。そのショックから蘇我馬子たちは、六〇三年に冠位十二階、六〇四年には憲法十七条（いずれも祖型）を作ったからです。

こうして、随に示すため中央集権的な国家の体裁を大急ぎで整えたあと、改めて派遣したのが六〇七年の第二回遣隋使です。

「日出処《ひいずるところ》の天子、書を日没する処の天子に致す。つつがなきや」という手紙を送り、天子は自分一人と考える隋の煬帝《ようだい》を激怒させたといいますが、これも「ある程度背伸びしないと話もしてもらえへん」と踏んでのことだったのかもしれませんね。

背伸びした国書をしたためたものの、遣隋使は対等外交ではなくあくまで倭からの朝貢ですから、このあと「返礼」という名目で（隋と争っていた高句麗に倭が接近するのを警戒したためともいわれていますが）、裴世清《はいせいせい》という使者が来ています。

『「隋書」倭国伝』には裴世清が「タリシヒコという有力者に挨拶してきた」という記録が残されています。政治を取り仕切っていた馬子を見て「日本の王様だな」と思ったのかもしれません。推古天皇は祭祀を司っていたのでおそらく会わなかったのでしょう。

なお裴世清が隋に帰る時に、高向玄理《たかむこのくろまろ》や僧・旻《みん》、南淵請安《みなみぶちのしょうあん》など八人の留学生が一緒に隋に渡りました（第三回遣隋使）。

この当時は簡単には中国と行き来できませんでしたから、このように遣いを送る時に連れていって留学させ、次の遣いが来たら一緒に帰ってくるというのが留学のパターンでした。

ちなみに、その後大陸では隋が滅び、かわって同族の唐が成立するなどの騒乱があり、六三二年に第一回遣唐使と一緒に僧・旻が帰国します。玄理と請安が帰国したのは六四〇年、新羅使と一緒でした。

玄理たちは数十年も日本に帰れないまま勉強していたので、彼らが帰国してもたらした知識は、六四五年の「乙巳《いっし》の変（大化の改新）」に大きな影響を与えたといわれています。

※

さて推古天皇の後継者選びでは、敏達天皇の孫・田村王（非蘇我系）と厩戸王の子・山背大兄王《やましろのおおえのおう》（用明天皇の孫）とで群臣たちが割れました（巻末の天皇家系図1参照）。

馬子の死後、その権力を継いだ蘇我蝦夷《えみし》は、田村王を推しました。

蝦夷にしてみれば、蘇我氏の血が入っていなくても政治は自分がやっているのだからいいだろう、ということだったのだと思います。

六二八年に田村王は即位して、舒明天皇となります。

舒明天皇は百済大寺《くだらおおでら》という初の官立寺院を造っています。それまでは、法隆寺も飛鳥寺も王族や豪族の建てたプライベートな寺だったんですね。この寺は、のちに大官大寺、大安寺と移転して奈良時代の大寺の一つになります。

この官立寺院の建立《こんりゅう》も、中国や朝鮮に対し「わしらも負けてへんで」と背伸びしたものだったと思います。

そして、六四一年、舒明天皇が亡くなると、舒明天皇との間に中大兄皇子、大海人皇子《おおあまの》らを産んだ皇后が、皇極天皇として立てられます。

宮廷を揺るがしたクーデターの起こる、四年前のことでした。

第3章

大国との対決と敗北

⑪ "乙巳の変"（大化の改新）のウラに、大唐世界帝国あり

「ムシゴハン」とか「ムシゴヒキ」など語呂で覚えた「大化の改新」。西暦六四五年に起きたこのクーデターを、いまでは「乙巳《いっし》の変」と呼ぶようになっています。干支《えと》の組み合わせによる数え方で「乙巳」の年に起きたからです。ですので、本書でも通説に従って「乙巳の変」と呼びましょう。

中央集権を目指したクーデター

この変は、皇極天皇の御世に起こりました。六四二年に即位した皇極天皇は、もと舒明天皇の皇后。舒明天皇との間に、中大兄皇子、大海人皇子らを産んでいます。

僕らが学生だった時代には次のアウトラインで教わりました。

「蘇我氏の横暴に憤った中臣鎌足が、皇極天皇の弟の軽皇子《かるの》（非蘇我系）にクーデターを持ちかけたが、軽皇子は日和《ひよ》った。次に近づいた中大兄皇子が乗ってきたので、ともに作戦を練って『朝鮮半島から使節が来た』と嘘をついて蘇我入鹿《いるか》を宮廷に呼び出して、暗殺した」

でも今は大きく二つに学説が分かれています。

まず従来どおり「中臣鎌足と中大兄皇子が主導したクーデター」という説。そして、「当時の中臣鎌足がそんな大そうな役割を担えたはずはない。乙巳の変の真の首謀者は、軽皇子だった」という説です。

この論争にはまだ決着がついていません。ただ、軽皇子は事件直後に、皇極天皇から王位を譲られて孝徳天皇となります。

その孝徳天皇が即位した際の閣僚たちを見ると、中大兄は太子。新しくできた役職・左大臣は阿倍内麻呂、右大臣は蘇我倉山田石川麻呂、内臣が中臣鎌足、国博士《くにのはかせ》（顧問）には、数十年の留学のすえに唐から帰って来た僧・旻《みん》や高向玄理《たかむこのくろまろ》、という面子です。

阿倍氏は古代豪族系ですが、石川麻呂は蘇我蝦夷《えみし》の弟、倉麻呂の子です。蝦夷の甥にあたりますね。

蘇我氏は乙巳の変で滅ぼされたような印象がありますが、馬子―蝦夷―入鹿と続いた蘇我氏本宗家が滅亡したにすぎず、石川氏（蝦夷の弟の蘇我倉麻呂系）に権力が移ったと見たほうが正しいようにも思えます。メディチ家のロレンツォ・イル・マニーフィコなどの兄脈と後にトスカーナ大公となった弟脈のようなものでしょうか（巻末の蘇我氏系図1参照）。

この後も蘇我氏（石川氏）は大臣家として存続し、女性は大王家のキサキになっていきます。天智天皇や天武天皇、藤原不比等は競って蘇我氏の女性を妻としました。高貴な血筋を独占することでライバルの出現を防ごうとしたのでしょう（巻末の蘇我氏系図2参照）。

軽皇子こと孝徳天皇は難波宮（難波長柄豊碕宮）に遷都し、翌六四六年に「改新の詔《みことのり》」を出します。

この「改新の詔」は『日本書紀』に収録されるさいに大いに潤色されたことが明らかになっています。

たとえば、かつて学校で教えられていた名高い「公地公民制」。王族の屯倉《みやけ》や豪族の田荘《たどころ》などの私有地を廃したとされてきましたが、近年の発掘調査では、その後も王族、貴族は私有地を所有し経営していたことが明らかになっています。

この時の改新の中核は、百二十ぐらいあった国を六、七十にまとめ、国の下に「評《こおり》」を置き、五十戸制を考えたことであったようです。

要するに、中央集権的な国家を目指したものでした。

はたして蘇我氏を倒したどさくさで、こんな長期計画に基づく大改革を描けたのでしょうか？ですから、もともと蘇我氏が中央集権国家の準備をしていたものを乗っ取ったのだ、ともいわれています。

ところで、なぜこのように急いで中央集権化を進めていく必要があったのでしょう。そのヒントは周辺諸国の出来事に隠れています。

朝鮮半島で類似の事件が

隋や唐が中国を統一する以前の大陸は南北に分かれて争っていましたから、朝鮮半島に強大な圧力はかかりませんでした。

その昔、中国が楽浪郡などを置いて半島を統治していた時代は、朝鮮も倭もペコペコしていましたよね。

そして楽浪郡や帯方郡が滅ぶと、「内輪喧嘩で忙しそうやな。わしらもちょっと威張ろうか」ということで、半島では高句麗、新羅《しらぎ》、百済《くだら》などが興こり、日本ではヤマト政権が誕生しました。

ところが中国に再び強大な統一国家が出現すると、これらの周辺諸国に大きな圧力がかかってきます。

「唐に頭下げるのが得や」というグループと、「唐がなんぼのもんや。今までどおり振舞おうぜ」というグループが、それぞれの国で侃々諤々の争いを始めたのです。

高句麗では、六四二年に淵蓋蘇文《えんがいそぶん》という将軍（独立急進派の大臣）が、国王である栄留王や穏健派の貴族たちを殺して国政を握るクーデターを起こします。この事件を契機に、唐が高句麗遠征を開始しました。

同じく六四二年には、百済大乱も起こっています。

大貴族が国の実権を握った高句麗とは異な

蘇我入鹿首塚：奈良県高市郡明日香村（時事通信フォト）

り、こちらは国王の方が権力を集中しようとした政変です。

百済も内輪で揉め、豊璋《ほうしょう》という王子が日本に逃げてきます。

このあと高句麗と百済という、それまでずっと争ってきた二大国が「新羅をやっつけよう。唐と戦おう」と同盟を結ぶという、犬猿の仲といわれたヒトラーとスターリンが手を結んだことで世界に衝撃を与えた独ソ不可侵条約締結と同様のことが起こっています。

百済は高句麗に対抗するためにずっと日本に傭兵を求めてきていたのが、両国にクーデター騒ぎが起こり、なんと同盟を結んでしまった。

すると新羅は焦ります。

新羅は唐に「助けてください。私たちは唐に従いますから」と使者を送るのですが、唐は「お前のところは女王しかいないのか。男王を送ってやろうか」と難題をつきつけたといわれています。

新羅は善徳女王の時代でしたので「内政干渉や」ということで大騒ぎになり、今度は新羅でも内乱が起こる。

つまり朝鮮半島の三国は、唐に対処すべく、国家権力を集中させるための体制変革をもくろんで内乱を起こしたり、君主を殺したりしている。

朝鮮半島で乱が起これば、豊璋王子のように日本に逃げてくる人も多数いたことでしょう。

「先進諸国でも政変が起きているなら、わしらも蘇我氏（大臣）を殺してもいいはずや」と思ったのかもしれません。

乙巳の変の前後の日本の動きは、大陸（半島）の動向と大きくリンクしています。

蘇我入鹿は横暴だったか

『日本書紀』にはこの時代の蘇我本宗家の横暴が描かれています。

これまでも蘇我本宗家は、反対派は王族でも同じ一族でも、容赦なく滅ぼしてきました。蘇我蝦夷は勝手に息子の入鹿に大臣を譲ったとか、大王家しか名乗れない「陵」を自分たちの墓の名前に使ったとか、色々書かれていますが、それらすべてを、「クーデターの敗者側を悪く見せるため」とは言い切れない側面もあると思います。

ことに蘇我入鹿は父の蝦夷にもたしなめられるくらい有能かつ直情的でもあったようです。

大唐世界帝国の影響を大きく受けて、日本でも中央集権体制の整備が進んでいました。その流れの中で、大王を傀儡《かいらい》にして、蘇我入鹿が権力集中を目指していた一方で、大王家を中心に権力をまとめようとするグループがいた。

比較的穏健派の彼らが、「こんなふうに入鹿にやられたら、俺たちもたへんで」と、クーデターを起こした。――そのように理解することもできるでしょう。

さてその後、唐と激突する古代日本のクライマックス「白村江《はくすきのえ》の戦い」が起こります。唐に完敗したことは古代の日本にとって、「太平洋戦争の敗北」に匹敵する大きな出来事でした。

⑫ 白村江の戦い前夜

西暦六六三年、日本軍は唐・新羅《しらぎ》連合軍と朝鮮半島の白村江《はくすきのえ》で戦い完敗します。その衝撃は、当時の日本にとっては、一九四五年の第二次世界大戦の敗北に匹敵するものでした。

この出来事は、東アジア全域で何が起きていたのかと併せて理解することが大切です。大陸では大唐世界帝国が誕生し、その強大な力は朝鮮半島などの周辺諸国に大きな影響を及ぼしていました。辺境の日本も遣唐使を派遣し、「おれら負けてへんで」と国内でも背伸び（中央集権化、体制固め）をしてきました。唐の力は十分認識していたはずです。

それなのに、なぜ唐との戦いに至ってしまったのでしょうか？

中央集権の強化

白村江の戦いから十七年前に遡ります。六四六年、蘇我本宗家を滅ぼした乙巳《いっし》の変によって即位した孝徳天皇のもと、難波宮で「改新の詔《みことのり》」が出されました。前回も触れましたが、改めて確認しておきましょう。

「改新の詔」について、かつての教科書では「公地公民制」「班田収授」「租庸調」などの導入に必ず触れていました。

「土地や人民は国家のものであって、王族や豪族の私物やないで」と、いったん王族の土地も豪族の土地も全部召し上げて、「班田収授」という仕組みで田畑を決められたサイズで人民に再配分し、人民は税として租庸調を納める。この制度は、北魏の馮《ふう》太后（五世紀）が始めた均田制がモデルになっています。

ところが一九八八年、長屋王の屋敷跡から発見された大量の木簡によって、長屋王が私有地を支配していたこと、そこから色々と物資を手にいれていたことがわかりました。

長屋王は天武天皇の長男、高市《たけち》皇子の子、つまり孝徳天皇よりずいぶんあとの時代の人間です。「改新の詔」は、日本には当時から中国と同様の立派な制度があったように後年、潤色されたものだということが、はっきりしたのです。

ただ孝徳朝が、天皇を中心に中央集権国家を強化しようとしていたことは、間違いないでしょう。

中大兄と孝徳の対立の背景

六三〇年の遣唐使派遣後、次の六五三年の派遣までしばらく間が空きます。それは乙巳の変前後に、前述のように中央集権化をはかる試みを国内で重ねていたからでしょう。六四九年には石川麻呂が自殺に追い込まれています。蘇我氏は、石川麻呂の弟の連子《むらじこ》や赤兄《あかえ》が継ぐ形となりました。

遣唐使派遣が再開された六五三年、皇太子の中大兄は、孝徳天皇が居る難波宮から、ヤマトに戻っています。

このとき官人の大多数は中大兄についてヤマトに戻り、孝徳天皇は難波宮に置き去りにされたと

『日本書紀』にはあります。もっとも置き去りは言い過ぎで、孝徳天皇も一定の権力を保っていたという説もあります。

この対立の理由はなんでしょうか。

日本はそれまで朝鮮三国の中で百済《くだら》をずっと助けてきました。百済は半島の南のほうにあり、その昔日本が鉄を輸入していた半島南端と近く、また宿敵は高句麗でした。

ところが、中国に唐が誕生するとその圧力に対抗するために、犬猿の仲だった高句麗と百済が手を結び、挟まれるかたちになった新興勢力の新羅は唐に助けを求めて、朝鮮半島の状況は複雑に変化しました。

第二次世界大戦前夜の平沼騏一郎首相のように「半島の情勢は複雑怪奇なり!」と当時の大臣が叫んだかどうかは分かりませんが、日本でも「唐にゴマをすったほうが得やで」というグループと、「うちはずっと百済とやってきたやないか。今さら裏切れるか」というグループの激しい意見対立が生じます。

孝徳朝では、中国に留学していた僧・旻《みん》や高向玄理《たかむこのくろまろ》が国博士《くにのはかせ》(顧問)になっていました。彼らは数十年も中国で勉強していて唐の強大さを現地で見ています。朝鮮三国とも交流して情報交換していたわけですから、大陸の情勢にはとても詳しいですよね。

そんな人たちが「とても唐には勝てませんよ」と助言すれば、孝徳天皇はおそらく親唐路線に傾いたことでしょう。その結果、二十年ぶりに遣唐使を派遣したともいえます。

同時に、唐に圧迫されている百済からは、王族をはじめ高位の亡命者が大量に日本に入ってきました。これでは国論が割れるのは必至です。

国内問題で争ったというより、唐派と百済派といった外交政策上の意見の相違から、中大兄は孝徳天皇と距離を置くためにヤマトへ帰ったのではないでしょうか。

孝徳天皇が翌六五四年に亡くなると、孝徳の子どもの有間皇子（万葉集の歌で有名）が六五八年に誅殺されて中大兄が勝利を収めます。

中大兄はなぜ即位しなかったのか

不思議なことに、中大兄は権力闘争に勝ったはずなのに、なぜか中大兄のお母さん（もと皇極天皇）が斉明天皇として重祚《ちょうそ》、つまり再登板し、中大兄は皇太子を続けます。六五

白村江は、現在の韓国の錦江河口付近であると推定されている。上流域には百済の古都・熊津（現・公州市）があった

た。

これは日本のみならず、東アジア初の重祚です。六十二歳という、当時とすれば相当な高齢でし五年のことです。奇しくもこの年、唐では武則天《ぶそくてん》が立后され権力の階段を登り始めます。

中大兄はなぜこの時点で天皇にならなかったのか。「実は皇太子ではなかった」という説もありますが、百済派と唐派がまだ割れていたため権威が確立できず、国内のまとまりがつかないので母親を立てた、という考え方が素直な気がします。

重祚した斉明天皇は、どうも評判がよくありません。飛鳥岡本宮、両槻宮《ふたつきのみや》、吉野宮など、やたらと立派な都や宮殿、長大な石垣や運河を作り、のちに天智天皇（中大兄）の時代に左大臣になった蘇我赤兄が、斉明天皇の失政として「土木のやりすぎ」を指摘しています。

斉明にしてみれば「なんで辞めた私をまた担ぎ出すの？　それなら好きなようにやらせてもらうわよ」ということだったのかもしれませんね。

六六〇年、そうこうしているうちに、新羅と組んだ唐の軍隊によって百済の都は占領されてしまい、日本はいよいよ「百済を助けるぞ」と腹を決めました。翌年、斉明天皇は中大兄皇子、大海人《おおあまの》皇子以下大勢の人々を連れて九州・筑紫《つくし》朝倉宮（朝倉橘広庭宮）に遷ります。

その筑紫で、六六二年に大海人皇子（のちの天武天皇。中大兄の弟）と鸕野讃良《うののさらら》（のちの持統天皇）の子である草壁皇子が生まれています（異説もあります）。

中大兄、大海人の兄弟はともかく、身重の讃良まで斉明についていっている。並みの女性ではありません。

天智天皇と蘇我遠智娘《そがのおちのいらつめ》（父は石川麻呂）の娘である讃良は六五七年に天武に十三歳で嫁ぎ、草壁を十八歳で出産しています。若くして既に、のちのち女帝になる才覚の片鱗《へんりん》を示していたのですね。

余談ですが、この斉明天皇の筑紫への出陣は、後世にも大きな印象を残した出来事だったのでしょう。

『日本書紀』や『古事記』には「神功皇后の三韓征伐」という話が収録されています。三〜四世紀に、応神天皇の母である神功皇后が、新羅出兵を行い、朝鮮半島の広い地域を支配下においたと伝える物語には、一族を連れて筑紫まで出向き、自ら軍を率いて朝鮮に出兵する覚悟を示した斉明天皇の姿が投影されているのだと思います。

※

さてこうして日本は百済を助けるために、大唐世界帝国と対決する道を選びました。

斉明天皇が九州の陣中に没するというアクシデントこそありましたが、中大兄が即位を延期して皇太子の立場のまま、百済支援の陣頭指揮を執り、百済支援軍は数度にわたって海を渡りました。その数、およそ四万二千人といわれています。

⑬ 唐から来たマッカーサー

百済《くだら》を助けるのか、唐・新羅《しらぎ》連合に付くか。日本国内で揉めている間に、百済は都を唐軍に占領され、滅ぼされてしまいます。

この六六〇年の百済滅亡を契機に「百済を助けて百済を復興させるんや」と国論がまとまりました——その矢先に出張った先の筑紫《つくし》朝倉宮で斉明女帝が亡くなってしまいますが、後をついだ皇太子、中大兄が即位を後回しにして指揮をとり、百済支援軍は海を渡ります。

百済支援軍は、日本に亡命していた王子、豊璋《ほうしょう》を百済に送り届け、復興戦争の旗印としました。

六六三年、日本の百済支援軍は白村江《はくすきのえ》、現在の錦江《クムガン》河口に向かいます。

白村江の敗北

しかし、百済遺民軍を合わせて約五万人の百済支援軍は、兵員数に勝った唐・新羅連合軍に完敗しました。

史書によれば、唐軍が日本の軍船を焼き払う炎と煙は天に漲《みなぎ》り、水面は真っ赤に染まったといいます。兵士たちは燃えさかる舟から河に飛び込み、溺死してしまいました。旗印の豊璋は高句麗に亡命します。

兵員の数だけではなく、装備も軍略も、唐の敵ではなかったのです。

初めて唐と戦った日本は、この敗北の報せに大きなショックと恐怖を覚えたことでしょう。日本は百済支援＝唐を食い止めるために、政権中枢も九州に据えて、総力を挙げて戦ってきました。

四万二千もの兵を朝鮮半島で失い、日本はパニック状態に陥ります。

六六三年か四年、九州の博多に大きな堀と堤をもつ水城《みずき》を、そのすぐあとに大野城を作っています。

これらは、九州におけるヤマト朝廷の拠点であり大陸との窓口になる場所（のちの太宰府。今の博多のあたり）を守ることが目的でした。

防人《さきもり》を対馬や九州に置き、のろしの制度を作って「唐が来たらすぐ知らせよ」としたのも、いつ攻めてくるかわからんとビビっていたことの証といえます。

唐が攻め入るとすれば、北九州を制圧し、昔から使節がやってくるルート通りに瀬戸内海に入り、ヤマトまで到達すると想定されました。

ですから四国や中国地方にも防衛のための山城を幾つも作りました。

これらの城は、朝鮮式山城の形式でつくられており、現代の私たちが想像する中世や戦国時代のお城とはかなり異なっています。

ご興味のある皆さんには向井一雄さんの『よみがえる古代山城』が面白いと思います。同書によれば、朝鮮式山城は、朝鮮半島での戦い方から発展したものです。国境から王都まで縦に深く大小の山城を配置し、一度ことが起これば各地の山城に兵士たちが籠城し、侵略軍が内奥深く侵入して兵站が伸びきったところを、そこかしこで叩くという戦術に沿ったものだといわれています。

郭務悰という使者

白村江敗北の翌年、旧・百済に置かれた唐の駐留軍から郭務悰《かくむそう》が日本に送り込まれてきます。明らかに戦後処理のためですね。

日本側の意識としてはマッカーサーのような存在だったのでしょう。

この人はしばらく九州で待たされたあげく、唐将、劉仁願の私的な使者であって皇帝からの正式な使者ではないことを理由に帰国させられた、と史書には書かれています。

しかし次に来日したときは唐から送り込まれた劉徳高とともにお供をぞろぞろ引き連れて入京しました。

その後も六六九年、六七一年にも来日して、六七二年に帰国しています。六七一年にはもろもろ二千人連れてきたという記録があります。

考えてもみてください。日本が百済支援に送った兵がありったけで四万二千人でした。唐からの使者だといっても二千人も入ってきたら、相当なインパクトがあったと思います（二千人全員が唐の兵士だったのではなく、送還する日本の捕虜だったのではないかという説もありますが）。

唐の歴史書には郭務悰の名前が出てきません。だから「大した人物やないで」という人もいます。

しかし、唐は世界帝国です。

百済にいる将軍が「わが国に歯向かった倭はどうしましょうか」と伺いを立てたところで、皇帝は「お前のところから誰か出して、もう反抗せえへんように一札とってこい」ぐらいのことは指示するでしょうが、わざわざ長安から重要なポストの人間を派遣するはずがありません。

　唐の都における地位が低いか高いかはともかく、当時の日本にとっては、半島から軍隊を引き連れて「唐から来たで」と圧力をかけてきたことこそが重要です。

　使者たちは、来日すれば数か月から一年単位で滞在しており、完敗したばかりの日本からすればこれは脅威そのものでした。

　この間、日本は六六七年に近江大津宮に遷都しています。

　なぜヤマトを離れて近江に移ったか。一般にこの遷都は、来るべき唐との戦いの防衛のためとか、あるいはヤマトの有力豪族たちから離れるためなどと理解されてきました。

大野城百間石垣：福岡県太宰府市（時事通信フォト）朝鮮式山城の形式でつくられている

しかし中村修也さんの『天智朝と東アジア』というこれまた非常に面白い本では、ヤマトが唐に占拠されたからだ、という驚くべき新説が紹介されています。

この本によれば、第二次世界大戦後にマッカーサーが東京の中心にある第一生命のビルを接収したように、当時も日本の枢要部に唐の使いが居座っていた、というのです。その影響で辺鄙な地に都を置かざるを得なかったのだ、と。

それほど日本は混乱していたのです。中村説については、より深い議論が興ることを期待したいですね。

天智は唐派へ寝返るが……

その大津宮で、皇太子の立場で政治をとっていた中大兄は、ようやく天皇（天智天皇）として即位します。六六八年のことです。

同年、唐・新羅連合軍によって高句麗が滅びました。高句麗は隋の煬帝《ようだい》や唐の太宗・李世民が攻めても落とせなかった強国でした。

いまや朝鮮半島には、唐のポチになった（と日本からは見えていた）新羅しか残っていません。

唐は周辺諸国には自分たちの意に沿う国王を置いて、ローカル支配を任せる方式をとっていました（羈縻《きび》政策といいます）。

その唐に「次はお前のところだけれど、どうするんや」と迫られたら、天智天皇は唐の意向に従わざるをえなかったことでしょう。

即位した年には唐の法制度をモデルに、日本で最初の律令法典である「近江令」が編まれたといわれています。しかし現存しておらず、存在自体を否定する説が有力です。

結局のところ、唐にべったりの路線をとった孝徳天皇と対立して、アンチ唐・親百済路線をとった中大兄も、自分がトップになると、唐の力をまさに力ずくで認めさせられて、唐べったりの路線をより深めていくはめに陥ったわけです。

このような経緯を、日本はさらにもう一回くりかえすことになります。

それが六七二年に起こった、日本古代最大の内乱ともいわれる「壬申《じんしん》の乱」です。天智天皇の弟、大海人《おおあまの》皇子が天智天皇の子である大友《おおともの》皇子に対して、地方豪族を味方につけて大王の座を争ったこの事件は、これまで親族間の王位継承をめぐる争いとして理解されてきました。

しかし、「大きな家督争い」という見方だけでは、この内乱を理解したことにはならないでしょう。次回はそのことについて話しましょう。

⑭ アンチ唐派の巻き返し――壬申の乱

「白村江《はくすきのえ》の敗北」（六六三年）は、日本に大きな衝撃を与えました。日本が支援した百済《くだら》、その同盟国であった高句麗の両国が滅び、いまや朝鮮半島は唐と、唐と結んだ新羅《しらぎ》の支配下に入りました。

次は――日本？　天智天皇の唐べったり路線はその圧力のなかで生まれたものではないでしょうか。ですが、決して全員がその路線を肯定していたわけではありませんでした。孝徳と中大兄（天智）の間で諍いが起こったように、押し込められた不満が、天智天皇の没後、噴出することになります。噴出の背景には、唐の日本への圧力が弱まった事情があります。舞台はまたも朝鮮半島です。

新羅と唐の争い

「乙巳《いっし》の変」が起きる直前、新羅では善徳女王の時代に、親唐派とアンチ唐派の間で内乱が起こったという話を前にしましたね。その渦中で女王は亡くなり、真徳女王が即位します。

その次が武烈王――金春秋（在位六五四～六六一）です。この人は王になる以前、日本や高句麗、唐の都・長安に行っています。各国を自分の目で見てきたわけです。

彼は唐の力は傑出していると悟り、新羅独自の年号を捨て、唐の年号を使うことを真徳女王に進言して決めさせています。唐の年号を使うということは「これからは唐のポチになります！」と宣言したも同じです。暦を決めるのは、まさに王権の一つの象徴に他ならないからです。

武烈王は唐と組み、まず百済を滅ぼしました。そこで彼は死去しますが、息子の文武王が後を継ぎ、六六八年に高句麗を滅ぼし、ついに三百年以上続いた朝鮮の三国時代が終ります。

ところがそれからまもなく、その旧百済・高句麗の領土をめぐって、今度は唐と新羅の間で争いがおきるのです。両者の諍いは六七〇年ごろからはじまり（唐・新羅戦争）、六七四年には決定的なものになりました。唐・新羅戦争は、六七六年に新羅が優勢のまま一旦終結しますが、したたかな新羅は戦争中も唐の年号を使い続け、唐の宗主国としての面子を立てていたのです。

一方の唐はこのころ西の吐蕃（今のチベットにあった王国）との戦いに苦戦しており、対新羅戦だけに注力できない事情もありました。

朝鮮半島でのごたごたの結果、日本に対する、大唐世界帝国の圧力は劇的に下がってしまったのです。

唐の圧力の低下は、唐べったり路線をとる天智政権への保守派の不満を噴出させる結果になりました。

「近江朝廷の連中のように、唐にゴマをするのはもうイヤや」と保守派がクーデターを起こした、これが六七二年の「壬申《じんしん》の乱」の実態であったのだと思います。

この乱によって、天智天皇の後を継いだ近江朝の大友《おおとも》皇子（明治時代に弘文天皇と諡《おくりな》されました）が敗れ、天智天皇の弟であった大海人《おおあまの》皇子が天武天皇として即位します。

天武は、不便な近江大津宮からヤマトに戻り、飛鳥浄御原宮《あすかのきよみはらのみや》に遷都しました。

アンチ唐派の運命

　では壬申の乱のあと、アンチ唐派の天武が政権を掌握して、唐との付き合い方は変わったのでしょうか。

　遣唐使は唐と新羅の戦いが起こる直前の六六九年から七〇二年まで実に三十三年間もブランクが空きます。

　それ以前は、六六五年、六六七年、六六九年と短期間に何度も大陸（朝鮮半島）に出向いています。おそらく白村江の敗戦の落とし前を付ける、戦後処理を目的としていたのでしょう。

　昔は「遣唐使は、進んだ文化を勉強しに行った」とか「朝貢貿易」などと学校で習った気がします。しかし実態は、安倍さんがトランプさんに会いに行くようなものでした。

　つまり、遣唐使は複雑な国際情勢の中で、考えに考えていつ正使を出し、どう付き合うべきか、唐との間合いを図った外交手段だったのです（遣唐使については東野治之さんの『遣唐使』が面白いです）。六六九年の遣唐使は高句麗が滅んだことに祝意を表したようです。

　そういう視点から遣唐使をみれば、壬申の乱に勝ったあと、天武・持統政権が三十年以上の空白を設けた理由も理解できます。なお、天武政権は天武と皇后、讃良《さらら》が実権を握っていました。

　天武政権にとって幸運なことは、前述したように、唐・新羅戦争が始まったことでした。新羅は六七六年に朝鮮半島を統一しますが、唐との争いはその後も長く続きます。

　新羅は後ろから刺されたくないので、日本が唐側につかないよう遣いを送り、細かい配慮をしていました。

そのために日本では「今にも唐が（新羅と組んで）攻めてくる」という差し迫った危機感が薄れていきます。六九八年、高句麗の遺民が、中国の東北地方から朝鮮半島の北部にかけて渤海《ぼっかい》を建国して唐と争い始めます。新羅は、これで唐と国境を接しなくてもよくなり一息つくことができました。七三二年には、唐の要請を受けた新羅が渤海を攻撃、これ以降、新羅は唐と和解の方向に歩み始めます。その分、日本に対する気遣いはなくなりました。七五三年には長安で遣唐使が新羅の使いと席次争いをしています。一方、渤海はこのような国際情勢を反映して日本に使いを送り続けました。

天武政権は六八四年には八色《やくさ》の姓《かばね》制をつくり、これまでの臣《おみ》や連《むらじ》といった上級豪族の上に、真人《まひと》や朝臣《あそん》など新しい姓を導入していま

壬申の乱で大海人皇子（後の天武天皇）の軍勢が築いたとされる砦の跡（時事）

す。

また六八九年には飛鳥浄御原令《あすかきよみはらりょう》を制定し、唐に倣って律令法典の整備を行いました。いずれも中央集権国家を目指したものです。冠位十二階や憲法十七条と同じことを繰り返しているわけですね。以前、「改新の詔《みことのり》」のときに出てきた「班田収授法」。国が土地を所有し、人々に田畑を支給する制度のことでしたね（公地公民制）。六四六年にはじまったというのはほぼ後世の潤色と考えられていますが、公地公民制は飛鳥浄御原令の頃から始まったのでは、という意見もあります。

この制度はかつての教科書にみられた「豪族や王族から土地を全部召し上げた」という理解とは異なり、それらの私有地と並存するかたちだったと、現在では考えられています。

なお飛鳥浄御原令は現存しておらず、律令の最初は大宝律令まで待たねばならないという意見も有力です。

このように中央集権化を進めていく過程を見ていくと、天武・讃良も自分たちがトップに立ってみて「今の日本に唐に対抗する国力はない」と改めて悟ったのではないでしょうか。

かつて唐寄りの孝徳派を退けた兄の天智が、白村江の敗北で唐派に転んだことを繰り返しているようにも考えられます。

壬申の乱に協力した保守派の人たちは面食らったかもしれませんが、歴史を見ればこういうケースはよくあることです。

八世紀、全盛期のイスラム帝国で、ウマイヤ朝からアッバース朝へ権力が移行した時にも同様の事例がみられます。

アッバース家というムハンマドの一族が、ウマイヤ朝を倒すさいに、ウマイヤ朝に不平を抱えていたシーア派を利用したのです。

ところが彼らの起した反乱に乗じるかたちでウマイヤ朝を倒し、アッバース家がカリフになり新王朝を立てると、今度は革命を支持したシーア派を激しく弾圧したのです。

もっと近いところでは、日本でも開国派だった徳川幕府を滅ぼした薩長政権が、「尊皇攘夷」と息巻いて明治維新を断行したのに、いざ政権を握るとさっさと開国派に転じています。

※

六七九年、天武とその皇后、讃良は、「天武の後継は讃良の産んだ草壁皇子やで」と周囲の王族に認めさせます（吉野の盟約）。

天武は晩年になると病気がちで、政治を皇后の讃良に任せることが多くなりました。

天武の死後も、讃良は実権を握り続けて、息子の草壁皇子が立派に即位するタイミングをうかがっていました。しかし草壁皇子はその前に病死してしまいます。

そこで今度は草壁皇子の息子（軽皇子《かるの》）を皇太子として、六九〇年、讃良自身が持統天皇として登極することになるのです。

持統天皇の時代、唐にならった国づくりはより深まっていきます。

実は、持統天皇の登場とその政治には、大きなロールモデルが存在していました。ひとたびは唐を滅ぼし自らの王朝を打ち立てた、中国史上唯一の女帝、武則天《ぶそくてん》、その人です。

⑮ 持統天皇がロールモデルとした中国の女帝

英明な武則天《ぶそくてん》は唐の三代目皇帝、高宗の皇后になった頃から気弱な高宗をよく支え、六五五年に立后してから七〇五年に皇帝から退位するまで半世紀にわたり権力の座にありました。

のちに持統天皇となる天武天皇の皇后、讃良《さらら》は、武則天の活躍を横目に見て「我々が後を追う先進国、唐の実質トップは女性や。それならこの国を自分が取り仕切ってもおかしくない」と思ったに違いありません。ふたりの歩みはよく似ています。

讃良が天武に嫁ぐ二年前に、武則天は皇帝、高宗の皇后になっています。讃良に草壁皇子が誕生したのと同じ六六二年に、武則天は四男睿宗《えいそう》（玄宗の父）を産んでいます。

讃良が壬申の乱の直前、天武とともに吉野に逃げたのが六七一年、天武の皇后になったのが六七三年。

このころ、武則天は天皇・天后という新制度を作り、二聖政治を始めていました。

二聖政治

武則天は非常に有能な人で、気の弱い高宗を後ろからサポートしていました。俗に「垂簾《すいれん》政治」といわれています。

中国では、皇帝と皇后は格がまったく違います。「皇帝」は天才、始皇帝が始めた偉大な称号です。しかし、あれだけなんでも記録に残している国なのに、始皇帝の皇后の名前は残っていないんですね。それぐらい格が違うわけです。

当時は「万能の皇帝が全てを決める」という価値観でしたから、建前上は高宗が決裁するしかありません。

高宗が閣議をやっていて、臣下に難しいことを問われてわからないことがあったりすると、後ろを向いて武則天にこっそり聞く。すると武則天は御簾《みす》の陰から、「あなた、Aに決まってるでしょ。早くAと言いなさい」「わかった。Aにするぞ」と。

こんなことが続くと、武則天はイライラしてきます。私が全部決めているのに、なぜこんなに面倒くさいプロセスが必要なのか。

彼女は、それを皇帝と皇后という称号（地位）の問題だと考えました。

そこで道教好きの高宗に（仏教も好きでしたが）、道教における宇宙の最高神の名前「天皇上帝」という言葉から天皇・天后という新しい称号を作らせます。六六〇年のことでした。

皇帝・皇后という称号を捨て、「天皇と天后は対等だ」と打ち出したのです。二人の聖人が政治を行うという意味の「二聖政治」であると。

御簾から出てきて、ひな壇に二人が並んで座り、二人が指示をすることになったのです。

六八三年には高宗が亡くなり、武則天の子（中宗、睿宗）が順次後を継ぎますが、武則天は権力を手放すことなく、皇帝を傀儡《かいらい》としてしまいます。

さて振り返って日本では、六八六年に天武が病に伏せ、讃良が政務を執るようになりました。そのまま天武が亡くなったあとも、やはり彼女も権力を手放しませんでした。

これらの振る舞いに文句が出なかったのは「皇后の政治力はすごい」と一目置かれていたからでしょう。

そして六九〇年、武則天と讃良は同じ年に登極しています。武則天は、「唐」を廃して国号を「周」と改めその初代皇帝になったのです。

持統天皇は七〇二年、武則天は七〇五年に没していますが、武則天も持統も、奇しくもお墓は夫との合葬でした。

生まれより能力を重視した人事

讃良の母は代々大王にキサキを出していた蘇我氏、父は天智ですから、彼女は「自分は大王になって当然」という自負があったはずです。

一方の武則天は、大豪族の生まれではありませんでした。武氏は中流の貴族でした。夫、高宗の父君は隋を破り、唐を実質的に建国した名君、李世民です。武則天の出世の糸口は李世民の後宮に入ったことでした。そこで高宗に見初められたのです。

ところで名君の子ども、高宗はボンボンで気が弱く、能力の優れた妻、武則天が何事をも決めていました。

生まれが大豪族ではない武則天は、大豪族に対抗するために「優秀で賢いスタッフを集めて合理的に政治をやらんとアカン、うかうかしていると足元をすくわれるで」と考えます。

そこで利用したのが、隋の文帝が始めた科挙です。

彼女が登用した有名な人物が「自家薬籠中の物」という言葉を残した狄仁傑《てきじんけつ》です。有能なスタッフに「おまえは自分の薬箱に必要なんやで」と話した人物です。

狄仁傑は、武則天のもと宰相に任命され、おおいに力を振るいました。

その敏腕ぶりは後世さまざまに語り継がれ、日本における大岡越前のような扱いになっています。それらの物語にインスパイアされたネーデルランド（オランダ）のもと外交官作家ロバート・ファン・ヒューリックによる小説『ディー判事』、そしてそれを原作とした映画も世界中でヒットしています。狄仁傑は今も生きているのです。

武則天はのちに韋《い》皇后（武則天の子、中宗の皇后）と並べられ「武韋の禍」、すなわち災

18世紀に描かれた武則天の肖像画
（Bridgeman Images／時事通信フォト）

いだと語られました。男尊女卑の考えが強い儒教（朱子学）が「女性が出しゃばるとロクなことがない」と後から二人を貶めたのです。

しかし、武則天が権力を掌握していた五十年の実績はどうか。

彼女は隋の煬帝《ようだい》や唐の太宗ですら果たせなかった高句麗を滅亡させ、日本には白村江《はくすきのえ》で圧勝、しかも中国は広大な国で何か不満があれば必ず農民反乱が起こりますが、武則天時代は反乱が起こっていません。

また、武則天と狄仁傑が採用した優秀な官僚たちが、武則天の孫の玄宗の時代に開元の治（唐の絶頂期といわれる政治の安定期）を開くのです。

武則天の科挙の活用を伝え聞いた讃良は「私も大豪族でなくていいから優秀なスタッフが欲しい」と思ったのではないでしょうか。

讃良にとっての狄仁傑が、藤原鎌足の次男、藤原不比等《ふひと》でした。

不比等は飛鳥浄御原令《あすかきよみはらりょう》ができた六八九年、三十一歳のとき判事として初めて名前が出てきます。今で言えば霞が関の局長ぐらいでしょうか。

馬子をモデルにした不比等

そもそも「不比等」という名前がすごいですね。「比べることができない人間」ですから（元々の名は「史《ふひと》」だったようですが）。

持統天皇のもと、藤原不比等は律令編纂《へんさん》などで手腕を発揮し、七〇一年に「大宝律令」を完成させるなど、功績を認められていきます。

これは日本ではじめての、行政法である「令」と刑法である「律」をともに兼ね備えたものでした。

その後、不比等は持統が譲位した文武（草壁の子）に娘の宮子《みやこ》を嫁がせ、実質的な皇后にしてしまいます。

しかしそれまで皇后は、皇族か蘇我氏しかいません。身分の低い不比等の娘が皇后になるなど、常識では考えられないことでした。宮子は首《おびとの》皇子（聖武天皇）を産みますが、精神がおかしくなり、息子に三十四年も会えなかったといいます。

それでも不比等は孫の首皇子を天皇にするためにしゃかりきで働き、二十年にわたり政権を動かします。持統のモデルは武則天でしたが、不比等のモデルは天皇家と深く結びついた蘇我馬子でした。

こうした不比等の働きで、藤原氏はこの先どんどんのし上がっていきます。

このように、中国でも日本でも有能な女帝と切れ者官僚がペアで政治を動かしていたのが、この時代だったのです。持統天皇は、史書に「深沈で大度」と人間としてのスケールの大きさや深謀遠慮振りを最大級の讃辞をもって語られています。まさに「日本」という国を生み落とした国母にふさわしい形容です。彼女の治世に柿本人麻呂が活躍したことはよく知られた通りです。唐の武則天をロールモデルとした持統天皇は、全ての面で唐のスタイルを積極的に取り入れる「鹿鳴館政策」を採用します。次回から詳しくみていきましょう。

第4章

弱い男・強い女・賢い補佐

⑯ 国の「かたち」を整えた飛鳥時代

「壬申《じんしん》の乱」でアンチ唐派の旧豪族の力を借りて、親唐路線をとる近江朝に勝利した天武天皇とその皇后讃良《さらら》は、結局先進国である中国、唐にならった新しい中央集権国家の構築を始めます。日本は次第に大唐世界帝国の制度だけではなく文化をも積極的に取り入れた「鹿鳴館政策」を加速していきました。つまり、これまでもそうでしたが、さらに「わしらも唐に負けてへんで」という格好つけをしていったんですね。幸いにも、唐・新羅戦争が始まり必要な時間を十分稼ぐことができました。

「日本」という国号もこの頃に成立したとされています。

「日出処《ひいずるところ》の天子……」と六〇七年の二度目の遣隋使が煬帝《ようだい》に手紙をもっていきましたが、「日本」もまた中国から見て、自国が東にあることを意味した言葉ですよね。

遣隋使のおよそ百年後、七〇二年の遣唐使で日本という国号を初めて正式に名乗っています。

さらに同時期に「天皇」号も使用されはじめました。

天皇号のはじまり

日本ではこれまで見てきたように、支配者は王とか大王《おおきみ》と呼ばれていました。

この講義でも途中から「〇〇天皇」と表記してきましたが（分かりやすさを重視）、本当は後から

（七五〇年以降）遡ってつけられたものであって、当時の呼称ではありません。

大王を何と呼ぶかは、外交上の大問題だったと思います。「大王」では単なる王号に大という修飾語をつけただけ、天子（皇帝）では六〇七年の遣隋使のように「この世界で天子は俺一人やで」と中国の皇帝を怒らせてしまいます。ということで、「天皇」号が生まれました。

天皇号の成立については戦前に津田左右吉《そうきち》が「推古朝から」という説を出しましたが、今ではほぼ天武朝からだと考えられています。

ではその呼称はどこから来たのでしょうか。

前回見てきたように、唐の武則天《ぶそくてん》が六六〇年に天皇・天后制度を新たに設けています。もともと中国の制度では皇帝が絶対的な権力を有しており、皇后の立場は弱いものでした。ところが武則天はひじょうに有能でまた野心もありましたので、夫である高宗に御簾《みす》のなかから指示するだけでは物足りなくなり、ついには皇帝に並ぶ新しい称号を作ります。

それが、道教の最高神「天皇上帝」から採られた「天皇・天后」という呼称でした。「天皇と天后は対等」ということで、この時代の唐の政治は「二聖政治」とも称されています。

これを真似て日本の天皇号は作られたとみられています。

藤原京も唐の武則天を意識して

それから天皇の居所である都、藤原京の建設が行なわれます。

藤原京は後世の名称で、当時は「藤原宮」あるいは「新益京《あらましのみやこ》」、つまり〝新しい素晴らしい都〟

などと呼ばれていました。

これまでは天皇が代わるたびに、新しい宮が造営され引越しをしてきましたが、今後は天皇が代わっても、都は変わらない、中国のように恒久的な都を目指したのです。

天皇の宮殿の周囲に碁盤のような街区（条坊制）を設けて、そこに官僚たちを住まわせる、日本ではじめての「京」といわれています。

『日本書紀』によれば六九〇年に着工したとされていますが、実際は六七六年ごろから新しい京の準備が始められていたようです（六九四年遷都）。

このころ唐では高宗が亡くなりました（六八三年）。武則天は六九〇年、自分が皇帝になり唐を廃して周（武姓の武則天が建国したので、武周とも呼ばれます）という国を作ります。

藤原京は『周礼《しゅらい》』にのっとって作られたといわれています。『周礼』とは、孔子が理想とした古代中国の周の制度を書いたといわれている本です。

『周礼』の「考工記」には「大きい都があって、その真ん中に宮城がある」と書かれているんですね。なぜ『周礼』を重んじたかは、武則天の即位が関係しています。

武則天は中国で初の女帝でした。ですから「女性の皇帝」という理屈付けや大義名分に腐心して、大雲経というお経を自分に都合の良い様に拡大解釈しました。

「自分は弥勒《みろく》菩薩の生まれ変わり」であるとして、お坊さんを大事にし全国に大雲経寺を作らせます。

そして唐から周に衣替えするわけですが、その名は古代中国の聖なる国、周から採ってきています。

　日本にも「武則天がえらい権勢やで」「仏教が好きで全国にお寺を作ってるで」「周のことを勉強してるらしいで」といった情報が入ってきていたと思います。

　そこで「われわれも『周礼』に因んで都を作り、国立寺院を建立して仏教儀礼をやれば格好つくで」と。

　今で言えば「トランプさんは金色が好きらしいから、金色のネクタイをして挨拶するか。そのほうが向こうも喜ぶはずや」という振る舞いと同じようなものです。

　しかも、唐と日本の関係は、今の日米関係より重かったはずです。白村江《はくすきのえ》で直接戦って負けた記憶も新しく、日本は必死だったのです。

本当は不衛生だった藤原京

藤原宮朝堂院の発掘調査の様子〔2003年〕：奈良県橿原市（時事）

その藤原京も、実のところ十六年しか使われませんでした。

藤原京は、歴代の大王に縁の深い飛鳥の地に建設されましたが、大和三山があるために南のほうが高くなっていました。

すると汚水、下水が真ん中にある宮殿の方に流れてくる。しかも京のなかを飛鳥川が流れ、ときに氾濫を起こしました。このため、京中の悪臭がひどく、疫病も広がりました。

この不衛生さに耐えかねたことが、平城京への遷都の原因の一つになったと考えられています。

また遣唐使が見てきた唐の都、長安城のプランは、藤原京のプランとはかなり異なるものでした。皇帝の住まいは京の中心ではなく、なんと京の北辺に位置して「天子が南面」していたのです。

そこで七一〇年には、唐の長安城にならった、奈良の都「平城京」に移ることになります。

余談になりますが、ときの権力者、藤原不比等《ふひと》が名付けたとされる「平城京」の名前は、唐や隋の前身の国だった北魏の都の名前「平城」(現在の大同市)から来ているといわれています。「大極殿《だいごくでん》」もそうです。北魏も隋も唐も拓跋部《たくばつぶ》が創った拓跋国家です。

「おたくの先祖が創った都と同じ名前ですよ」と示して、唐の人間から「よう俺らのこと知ってるな」と感心されたかったのでしょう。

※

都は、天皇の権威を見せつける威信財です。「天皇」という称号や「日本」という国号を作り、都も作った。法典も大宝律令を作りました(七〇一年)。

さらには唐の真似をして、衣服も体にぴったりつく胡服を着て、机と椅子も用意しました。

後年、平安時代に次第に着物がゆったりとしていくのは（国風文化）、唐の脅威が去り、「湿気の高い日本でこんなピタッとした服は合わん。やめよう」となったからですね。

ともあれ、これでいつ唐から使節が来ても格好がつきます。つまり、一安心して遣唐使が送れるようになったわけです。「『天皇』って偉そうな名前だが、どこに住んでいるの？」「こんな立派な都におります」云々《うんぬん》と。

国史の編纂《へんさん》も、同様に唐からの目を意識した鹿鳴館政策の一環としての事業でした。

次回は『日本書紀』について詳しく見ていきましょう。

⑰「日本」が本当に始まった

唐と新羅《しらぎ》が争っているあいだに日本は、先進国、唐にならった国家体制を着々と整えていきました。

これを主導したのは、持統天皇と持統の懐刀《ふところがたな》、藤原不比等《ふひと》でした。

前回は「天皇」号、「日本」という国号、「藤原京」の話をしましたが、中国の文化にならった事業の総決算ともいえるものが、私たちの国の歴史、『古事記』『日本書紀』の編纂《へんさん》です。

未完？の『日本書紀』

七一二年に完成したといわれる『古事記』と七二〇年に成立した『日本書紀』は一般には総称して『記紀』と呼ばれています。

『古事記』は（偽書説もありますが）国内の豪族向けに「昔出雲に大国主様《おおくにぬし》がいたけれど最後は天皇家の先祖である天照様《あまてらす》に国を譲ったんやで」などと言いきかせるためのPR書だったと考えられます。これに対して『日本書紀』は「うちらも唐に負けへん、古い立派な国やで」と唐に示すための公的な史書だったのでしょう。

ところでこの当時、表音文字の仮名はまだありませんでしたので、当時の公的な文章は、みな漢文で書かれるのが普通でした。

和歌などどうしても漢文にできないものは、漢語の発音をあてて表記しています。

『日本書紀』の漢文の使い方を解析した森博達さんの『日本書紀の謎を解く』によれば、『日本書紀』は幾つかの書きぐせのあるグループが執筆したことが分かっています。

持統朝に書かれたところと、文武朝に書かれたところがあり、前者はおそらく渡来した中国人が書いたものであり、後者は新羅に留学していた日本人が日本なまりの漢文で書いたものであろうと指摘しています。

この本は、一九九九年の刊行当時、大変話題になりました。

さて中国の歴史書は、司馬遷の書いた『史記』などが有名ですね。一般に中国の史書は「本紀（紀）」「志」「世家」「列伝（伝）」「表」でできています。紀伝体といいます。

まず帝王の事績を書いた「本紀」。それから「志」はその国の地方の話や国土、文化などについて書かれたものです。さらに「世家」「列伝」という諸侯や臣下の歴史、あるいは「この時代に、面白い人がいたで」という人民の事績を伝えるもの。

そして「表」、年表や家系図です。

中国の歴史書（正史）は、『史記』が編み出したこのスタイルに則って、『漢書』『後漢書』……と編まれてきました。その先も『明史』に至るまで踏襲されていきます。

『日本書紀』もおそらく当初は『日本書』として構想され、それらをすべて構えるはずでした。『風土記』は「志」を作る準備として各国からデータを取り寄せたものだったと三浦佑之さんが指摘しています。

『日本書』の編纂は、天武天皇の時代に開始され、その後四十年をかけて事業が継続しました。ときの権力者で、編纂の最高責任者だったと思われる藤原不比等が亡くなった七二〇年に、『日本書』は「本紀」にあたる「紀」が「完成」します。本当は中断だったのかもしれません。

この『日本書』に「紀」がくっついて『日本書紀』になった、という説が唱えられています。日本はかなり背伸びをしましたので、『日本書』しかり、藤原京や平城京、平安京しかりで、大事業をはじめたものの、いずれも完成しませんでした。

最後までやり遂げる能力も財力もなかったのです。天皇の記録さえあれば対外的には格好がつくので「これでまぁえぇか」ということになったのだと思います。

古い出来事は新しい出来事

『日本書紀』は天皇の歴史を神武天皇から始めているわけですが、はじめのほうは記述も簡単で、天皇名もかなりシンプルです。これは歴史書の常で「古いものほど新しい」のです。

みなさんがご自分の家系の歴史を書くとしたら、普通は父母からはじめ、祖父母についてはある程度は書けるでしょう。

しかし、それより前についてはほとんど書けないという人が大半だと思います。これは昔でも同じことでした。するとどうなるでしょうか。

聖書の『旧約聖書』の記述も、執筆者が最近のできごとを投影して昔のことを書いたといわれています。

たとえば「ノアの箱舟」の話は、ユダヤ人たちがバビロンで数十年捕囚されていた時代にメソポタミアの大洪水の伝承を聞いて創作したものだと考えられています。エデンもメソポタミアの地名だそうです。

「昔、聖徳太子たちが作った『帝紀』や『旧辞』を蘇我蝦夷《えみし》が持っていたが、乙巳《いっし》の変で全部燃えてしまった」という逸話もありますが、ちょっと変ですよね。

日本の大王《おおきみ》の歴史書をなぜ皇極天皇ではなく大臣の蘇我蝦夷が持っていたのでしょうか。事実上のトップは蘇我氏だったから？あるいは「燃えてしまったのだから、今の人間が歴史を書いていいんだ」という理屈づけのための逸話かもしれませんね。

歴史は、中国でもどこでも勝者が書き記してきました。

天武・持統天皇陵：奈良県明日香村（時事通信フォト）

孫へ伝える天皇の椅子

『日本書紀』には天武と持統―草壁皇子―文武（軽《かるの》皇子）―聖武（首《おびとの》皇子）の王朝を正統化するための逸話がいくつも挿入されています。

これらの編集を指揮したのは、当時、持統天皇の片腕であった藤原不比等だったと推察されています。

彼は文武天皇に娘宮子《みやこ》を嫁がせましたので、その子である首皇子にとって外戚《がいせき》の祖父にあたります。

持統は、子の草壁皇子が亡くなると、その子供（のちの文武天皇）を皇太子にして、自分が即位しました。

もともとわが国の大王は豪族の連合政権の中で、合議制で決められるものでした。豪族たちを束ねるために、ある程度の経験や実績のある、壮年の王族がなるものでした。

しかし持統はどうしても自分の孫である文武に継がせたかった。文武天皇が即位するのは十五歳です。これほど若い天皇はこれまでの歴史には一人も登場しません。

そこで不比等は、持統の意を受けて高天原《たかまがはら》の天孫降臨神話を作り上げたのではないでしょうか。

現代私たちが知っている建国神話は、「皇祖神アマテラスさまは、はじめは自分の子供を日本（葦原中国《あしはらのなかつくに》）に降ろそうと考えていたんやけれど、折りよく孫が誕生したので、孫の瓊瓊杵《ニニギ》尊を日本に降ろしました」と、こうなっていますね。つまり「アマテラスは孫に継がせた。同様に持統も孫の軽皇子に位を継がせる」と、いいたいわけです。

この「女帝から孫への継承」は、「元明天皇から聖武天皇へ」のときにも繰り返されています。文武が七〇七年に二十代で死去した際、その子供の首皇子はまだ幼少で七歳でした。そのため文武の母である、草壁皇子の妻が元明天皇として即位します。元明にとっては、聖武は直孫です。この元明の時代に、藤原京から、唐の最新プランにならった平城京に引っ越します。その後、元明の長女である文武の姉が元正天皇として即位した後、七二四年、皇太子の首皇子はようやく聖武天皇として即位することになるのです（巻末の天皇家系図1参照）。

さて、これで天皇号、日本という国号、威信財としての都、服装、律令、歴史書など、ワンセットの鹿鳴館政策が一応の完成を見せ、唐にも見せられる準備が整いました。

そこで七〇二年に約三十年ぶりに遣唐使派遣を再開します。こうして仕切り直した時が、「日本」という国の本当の始まりだったと思います。

⑱ 女性が動かした奈良時代

藤原京から平城京に遷都し、いよいよ「奈良時代」がはじまりました。語呂合せでいえば「なんと（七一〇年）見事な平城京」ですね。

この時代を端的にいえば、ずばり女性が大活躍した時代です。

その二十年前、六九〇年の持統天皇即位の背景には、大唐世界帝国の武則天《ぶそくてん》が、半世紀にわたって強大な権力を握って君臨するという、時代のロールモデルが存在していた様子を私たちは見てきました。武則天は、持統天皇にとどまらず孝謙・称徳天皇に至るまで奈良時代の女帝のロールモデルであり続けます。

武則天は科挙で有能な人材を登用し、宰相、狄仁傑《てきじんけつ》を自身の片腕にして全国に睨みを利かせました。

この支配の仕組みは日本にも大きな影響を及ぼしたと思われます。

弱い男・強い女・賢い補佐

奈良時代は、ざっくりいえば病弱で幼い「か弱い男の天皇」と、彼を庇護するかたちで政治を動かしていく「たくましい女性」、そしてその女性を補佐する「ブレーン」の三者で成り立っていたと考えるとわかりやすいと思います。

なぜその三者体制になったか。

天武天皇より以前は、「大王は経験や実力のある壮年の王族の中から、男女を問わず豪族たちが合議して決める」という慣例がありました。大王には豪族を束ねる人望が必要だったからです。このあたりの事情は、義江明子さんの名著、『日本古代女帝論』に詳しく述べられています。

ところがその慣例を、持統天皇が破ります。十五歳の文武に天皇の椅子を譲り、持統自身は、天皇と同等以上の権力を持つ「太上天皇（上皇）」という地位を大宝律令に設けて、若い天皇の後見を続けました。

以降、幼くても弱くても天皇になっていいということが慣例化していきます。

そしてその幼くか弱い天皇を、強い母や妻が支え、それを補佐するため専門能力に長《た》けた官僚が必要となったわけですね。

かつては「奈良時代の女帝たちは、男の天皇から男の天皇への中継ぎとして即位したんやで」という視点で語られていました。

しかし今では退位したあとも、後世の院政のようなかたちで太上天皇として政治を動かしていた、間違いなく強い「女帝（女性）の時代」だったという見方が有力になってきています。

後見役の女性上皇たち

では奈良時代の天皇の歴史を大まかに見ていきましょう。まず天皇名を順に並べてみましょう。

元明（女）→元正（女）→聖武（男）→孝謙（女）→淳仁（男）→称徳（女・孝謙天皇の重祚《ちょうそ》）→光

仁（男）→桓武（男）……（巻末の天皇家系図1参照）。

桓武天皇が長岡京に七八四年に遷都して、奈良時代は終ります。すると、文武─聖武─淳仁という「線の細い男の天皇」の流れと、元明─元正─光明子（聖武天皇の皇后）─孝謙・称徳という「線の太くて強い女の天皇・皇后」の流れが見えてきます。

七〇七年に、文武天皇がわずか二十五歳で亡くなります。

このとき、文武の嫡子である首《おびとの》皇子（のちの聖武天皇）は、まだ七歳でした。そのため、文武の母、阿閇《あべの》皇女が元明天皇として即位します。天智天皇が定めたとされる「不改常典《ふかいのじょうてん》」（皇位継承は直系で、など解釈は学者によって多岐にわたっています）という言葉が初めて即位詔で使われました。もっとも、元明の父は天智、母は代々天皇家にキサキを出してきた蘇我氏ですので（持統の異母妹）、この即位に血統的に文句を言う人はいなかったでしょう。

元明天皇は七一五年には娘の氷高内親王に位を譲り、元正天皇が誕生しました。元正は女系の天皇です。

二代続けて女性が天皇になったのは、日本史上唯一のケースです。

元正の父は草壁皇子であり、彼女と文武天皇とは姉弟でした。

元正は、三十六歳で即位するまで独身を守り、その後も終生独身を貫きました。これはいつでも登板できる天皇候補として、またその子どもが次の天皇候補とならないよう、備えさせられていたからだという見方もあります。

この元正天皇の時代にも、母の元明は、七二一年に亡くなるまで、太上天皇として実質的に政務を執っていたようです。

元正天皇は在位九年、七二四年に二十四歳の聖武天皇に譲位し、ついに文武の嫡子を天皇にすることに成功しました。

今度は若い聖武天皇の後見役を、元正太上天皇が担っていたと見られています。ちょうど元明太上天皇―元正天皇の関係と同じですね。

聖武天皇と光明子

聖武天皇の皇后は、光明子（藤原不比等《ふひと》の娘）でした。

光明子の母・県犬養《あがたいぬかい》（橘）三千代は、出身身分は低かったものの、仕えていた元明天皇から信頼されて文武天皇の乳母となり、権力を得た〝やり手〟でした。

その三千代と不比等の子ですから、光明子は健康で聡明でした。

平城京跡に復元された朱雀門：奈良県奈良市（時事通信フォト）

彼女は書も嗜み、正倉院には自筆の書が収められています。

聖武天皇と光明子は同じ七〇一年生まれですが、藤原不比等にとっては孫と娘の結婚です。聖武天皇の母、宮子《みやこ》は身分が低い藤原氏の生まれで、文武天皇との間に聖武を産んだものの、周囲からの反発は強く、精神を病んでしまい聖武に長く会えなかった、という話を以前しましたね。

聖武天皇の治世は、国民の二〜三割を失うほどの疫病、地震や飢饉、内乱などが重なりました。聖武は救いを求めて仏教に傾倒していき、やがて病気がちになると最後は出家して政務から身を引きました。

そんな聖武でしたが、おばさんの元正と妻の光明子がついていたからこそ、奈良時代を通じて二十五年という、もっとも在位期間が長い天皇になれたのでしょう。

ちなみに元正太上天皇の崩御は七四八年です。聖武は、その翌年には光明子との間の娘、阿倍内親王（孝謙天皇）に玉座を譲ってしまいます。

阿倍内親王は、その十年前の七三八年、二十一歳のときに日本史上唯一の女性皇太子となっていました。

幼くして漢学に親しみ、皇太子になってからは、唐に長期留学して当時最先端の知識を日本にもたらした吉備真備《きびのまきび》に、儒教や中国史、仏教などを教わっていました。

彼女も生涯を独身で過ごし、七五六年に聖武が亡くなると、聖武の遺言で、「あとは道祖王《ふなど》に」と孝謙天皇に皇太子が立てられました。

道祖王は天武天皇の孫で、藤原不比等にも近い皇族でした。

ところが道祖王は（本当かどうかわかりませんが）淫行を理由にすぐクビになり、藤原仲麻呂の意のままになる大炊王《おおい》（同じく天武の孫）が皇太子に立てられます。

孝謙天皇の時代は、彼女の母、光明子とその腹心、藤原仲麻呂（不比等の孫）が実質的な政権運営を担っていました。

そして孝謙天皇は、その大炊王（明治時代に淳仁天皇と諡《おくりな》されました）に生前譲位することになります。

母の光明子が七六〇年に亡くなると、孝謙太上天皇は、藤原仲麻呂改め恵美押勝《えみのおしかつ》（淳仁天皇から名をもらって改名していた）と対立を深めていきました。最終的には、僧・道鏡《どうきょう》や吉備真備をブレーンにつけて、恵美押勝を倒し淳仁天皇を廃して、自分が称徳天皇として重祚します。

※

道祖王や淳仁天皇を見ても、この時代の男の天皇（候補）はか弱い感じがしますよね。

この時代には「女性が政治に口を出すのはあかん」という意識は全くなく、女性が大活躍していました。

称徳天皇のあとは女性の天皇は長く現れず、「天皇は男やないと」ということになっていったのです。それは「武章の禍」と全く同じ構図です。

次回は、彼女たちを支えたブレーンたちの物語です。

⑲ 女帝のブレーンたちⅠ――皇位をめぐる暗闘

奈良時代は、女性が大活躍した時代です。より具体的にいえば、「弱い男の天皇」を、「強い女の太上天皇／皇后」と「そのブレーン」が支えた時代でした。

その強い女たちを補佐したブレーンたちに目を向けると、天皇との縁戚関係で政治を牛耳ろうとする藤原氏と、そうはさせまいとする勢力とのせめぎ合いが見えてきます。

藤原氏はそのせめぎ合いを勝ち抜き、天皇家と半ば一体化して明治維新まで千二百年にわたって朝廷の運営を続けていくことになりますが、発端となったのが、藤原氏の本当の祖ともいえる藤原不比等《ふひと》でした。

持統天皇の懐刀《ふところがたな》として頭角を顕し、日本の律令制度を作り上げ、唐に倣う鹿鳴館政策を進めてきたことは、これまでに見てきましたね。

彼は蘇我稲目《いなめ》や馬子をモデルに自分の娘を天皇家に入れて、孫を天皇にしようと奮闘しました。しかし当然、藤原氏の動きを快く思わない人もいて、誰が政権の中枢に座するのかも揺れていました。

今回は藤原不比等と、その次の時代に政権を担った長屋王、長屋王を倒すために動いた不比等の子どもたち、藤原四兄弟を取り上げます。

律令体制の父、藤原不比等

不比等は文武天皇の治下、六九八年に不比等の子孫だけが「藤原氏である」という詔《みことのり》を出させています。

もともと不比等の父、中臣鎌足の出身は、祭祀を司る家系でした。鎌足の死に際し、天智天皇が鎌足に臣下として最高の位とともに「藤原朝臣《あそん》」の姓を与えたのが藤原姓のはじまりです。

不比等は中臣鎌足の子どもですが、当時は他の中臣氏も藤原姓を名乗っていました。そういった人々を中臣姓に戻して、不比等の家系だけが太政官として政治を担う藤原氏を継いだのだと明らかにしたのです。

七〇一年の大宝律令の編纂《へんさん》に関わった不比等は、その後も政権の中枢に居続け、七二〇年に亡くなる直前まで、大宝律令に代わる新たな法令（養老律令）の準備をしていました。彼の死でその作業はいったん止まります。

この不比等と天皇家との関係を示す、有名な黒作懸佩刀《くろつくりかけはきのたち》の話があります。持統天皇の子である草壁皇子が、守り刀を不比等に下げ渡し、さらに不比等はそれをのちに文武天皇（草壁の子）に献上し、文武亡きあと再び不比等が預かり、自らの死後、聖武天皇（文武の子）に改めて献上したという話です。

宝刀の由来として正倉院の記録に書かれて、今に伝わっています（当の刀は現存していませんが）。

要するに「皇統を守ってるのはオレやで」と誇示した伝承ですね。

その不比等が亡くなると、次に政権トップに就いたのが、高貴な王族、長屋王でした。

高貴な生まれの長屋王

長屋王は、天武天皇の長男、高市《たけち》皇子（持統天皇時代の太政大臣）を父に、また元明天皇の同母姉、御名部《みなべ》皇女（父は天智、母は蘇我氏）を母に持っていました。

生まれもよく、能力も十分だった長屋王は、不比等が死ぬと、翌年右大臣になります。

彼は不比等の次女の夫であり（不比等の娘は長屋王の正室ではありませんが）、不比等からも目をかけられていました。

また、元明天皇、元正天皇の母娘からも頼りにされています。

長屋王の政策で有名なのは、七二三年につくった三世一身法《さんぜいっしんのほう》です。

「新しい用水路をつくって新田を開墾したら、三世代はその田を自分のものにしてええで」というもので、この政策によって開墾を進めたわけです。

以前にも見てきましたが、律令制度上のタテマエである「全部国家の土地やで、国家の民やで」という「公地公民制」は、豪族や王族が私有地を持ち続けるなど、全国に行き渡りませんでした。

ある程度、開墾者のインセンティブを高めて開墾を進めていく手法は、「ずっと自分の田畑にしてもええで」という七四三年の墾田永年私財法でも見られます。

持統天皇と不比等が先頭に立って一所懸命背伸びして中国の真似をしようとしたのですが、結局わが国の律令国家の実態・実力はそんなものでした。

長屋王の変

長屋王が元正太上天皇や聖武天皇のブレーンを務めた時代は、七二九年の「長屋王の変」によって終わりを迎えます。

不比等の子である藤原四兄弟（武智麻呂《むちまろ》、房前《ふささき》、宇合《うまかい》、麻呂）が首謀して、長屋王に「謀反《むほん》を企んだ」と言いがかりをつけた事件です。

屋敷は兵に襲われ長屋王は自刃、正室、吉備内親王と四人の男の子どもたちも首を括ります。

おそらく殺されたのでしょう。

なぜこんなことを仕掛けられたのかといえば、光明子と聖武天皇の間に生まれた藤原氏にとっての希望の星、基王が一歳で病死した

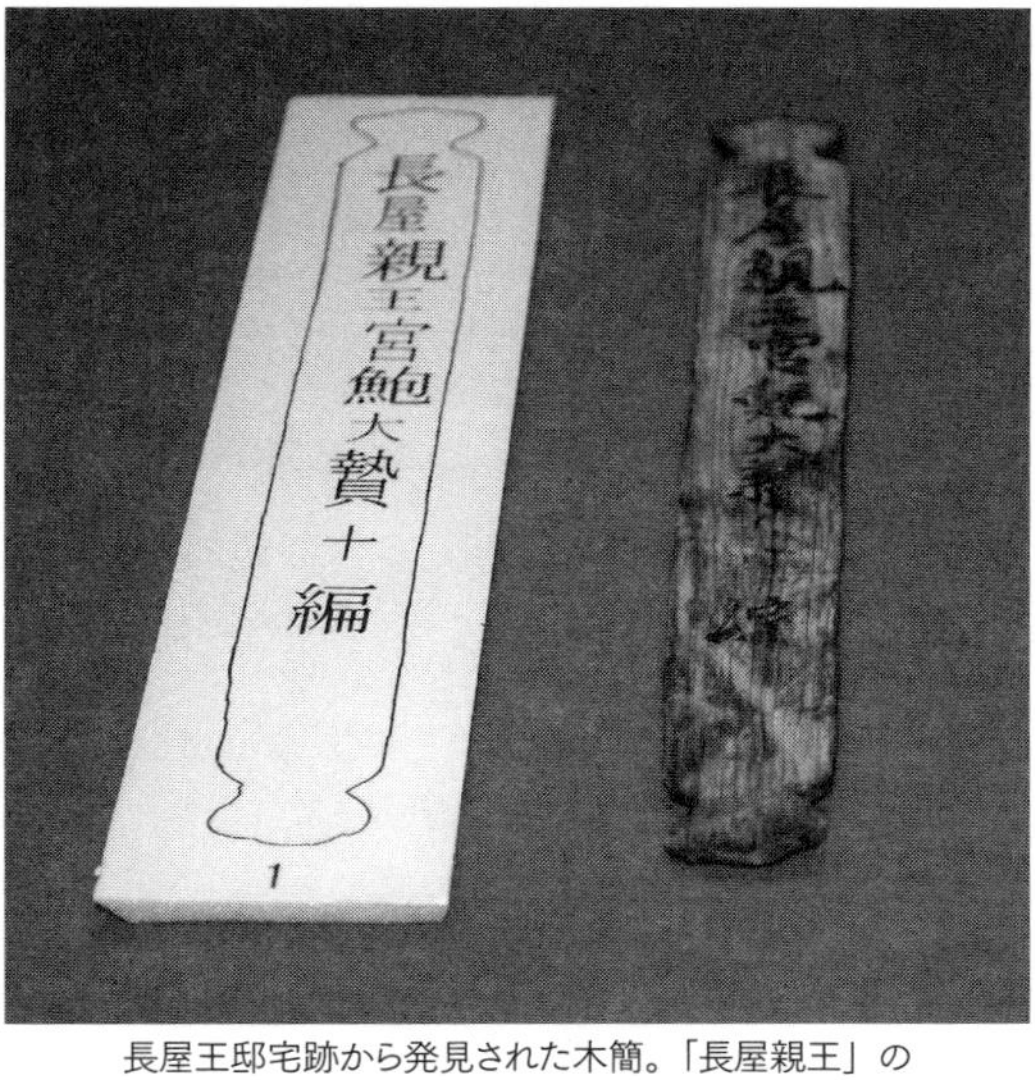

長屋王邸宅跡から発見された木簡。「長屋親王」の文字が読める（奈良市の平城宮跡資料館蔵／時事）

からです。

この基王は、異例中の異例で、赤子で立太子を済ませた生まれながらの皇太子でした。基王亡きあと、藤原氏には阿倍内親王（のちの孝謙天皇）しか天皇候補がいません。

一方、長屋王の正室、吉備内親王は文武天皇の妹で元明天皇と草壁皇子の子です。

つまり長屋王夫妻の子どもの血筋は、不比等と橘三千代という、両親がともに臣下の出身である光明子の子どもよりノーブルなのです（巻末の蘇我氏系図2、天皇家系図1参照）。

また、聖武天皇の別の夫人である県犬養広刀自《ひろとじ》が男子（安積親王、十七歳で死去）を産んでいました。

そこで、長屋王や広刀自の子ではなく、阿倍内親王を確実に次の天皇にするため、光明子を広刀自と同格の「夫人」から、「皇后」へと格上げすること（立后）を藤原氏は考えます。

天皇のキサキにはランクがあり、皇后・妃・夫人・嬪《ひん》のうち、妃以上は皇族だけがなる資格がありました（蘇我氏には、天皇の母として追贈される特殊ケースがありました）。

皇后はこの当時、天皇に即位可能な地位でもあります。

しかし長屋王は、このプロジェクトの大きな壁として立ちはだかる可能性がありました。

かつて聖武天皇が即位後、実母である藤原不比等の娘、宮子《みやこ》夫人に「大夫人」と尊称するという勅を出したことに対して、長屋王が「法令に従えば『皇太夫人』と呼ぶべきでは」とクレームを付け、勅を撤回させたことがありました。

結局、法令に従い宮子は「皇太夫人」となり、皇族扱いが認められたので、落としどころありきだったのではともいわれていますが、その後、聖武天皇の子の基王立太子の際には、長屋王は顔を見せず、彼が法令や前例を重んじる人物であったことは間違いありません。

光明子の立后に対しても「なんや、おかしいやないか」とスジ論で意見するのは目に見えています。

長屋王は誅殺されて、光明子は同年（七二九年）に立后を果たしました。

長屋王の一族で殺されたのは高貴な正室、吉備内親王とその高貴な四人の子どもたちだけで、同じく長屋王の妻だった不比等の娘とその子は健在だったことなどからも、藤原氏の陰謀であったことは、当時においても明らかでした。この結果、天武・持統—草壁の血脈は有力な後継者を一挙に失うことになったのです。

邪魔者は消え、七三四年には藤原四兄弟の長子、南家の武智麻呂が右大臣になります。我が世の春を謳歌するかに見えた四兄弟でしたが、数年後（七三七年）には猛威を振るった天然痘で全滅してしまいます。その後の顚末は、また次回に話しましょう。

⑳ 女帝のブレーンたちⅡ——相次ぐ反乱

奈良時代は女性の時代。女帝や太上天皇（上皇）、皇后が権力を握り、彼女たちを補佐するブレーンが政治を動かしていました。

藤原不比等《ふひと》は律令国家の建設者として長く官僚のトップに君臨し、その死後は高貴な王族、長屋王が政務をとりました。

しかし不比等の子どもたち藤原四兄弟によって謀反《むほん》をでっち上げられて長屋王は殺されます。ところが長屋王を始末した四兄弟も、数年後には疫病で全滅してしまうんですね。でっち上げは当時から公然の秘密でしたので、誰もが「こりゃ長屋王の祟りやで」と考えたことでしょう。

ブレーンたちの血に塗《まみ》れた交代劇がまだまだ続きます。

橘諸兄による新体制

藤原四兄弟を葬った疫病は天然痘だといわれていますが、人口の三割が失われ、かつてヨーロッパに猛威を振るった黒死病（ペスト）にも匹敵する死亡率だったそうです。奈良時代の庶民の惨状は山上憶良の「貧窮問答歌」に詠み込まれた通りだったのでしょう。

官人も三割から五割が亡くなったとされ、政権は危機に陥ります。

当時疫病の流行は仏罪と考えられていたので、生き残った聖武天皇や光明子も相当焦ったことでしょう。ここに、二人の仏教への帰依の一因を見ることができます。

この国家的危機のなかで、政権の中枢を一新することになり、橘諸兄《たちばなのもろえ》を首班（右大臣）とする新しい体制が七三八年にスタートしました。

橘諸兄は、光明子の母である橘三千代と前夫との間の子でした。妻に不比等の娘を娶り、藤原氏との関係も深い存在です。新政権は、僧・玄昉《げんぼう》や吉備真備《きびのまきび》を相談役に据えます。

玄昉は、吉備真備と同じく十九年間唐に留学していました。

聖武天皇の母、宮子《みやこ》は精神の病で三十四年も息子の聖武と会えなかったことは以前にも話しましたが、これを治したのがお坊さんの玄昉でした。これをきっかけに、重用されるようになっていきます。

余談ですが、当時お坊さんが病気を治すのは、別におかしいことではなかったのです。鑑真《がんじん》は盲目になってからも薬の匂いを嗅ぎわけたというエピソードが残されているように、当時のお坊さんは最新鋭の医術知識を持っていました。

聖武天皇の娘、孝謙が譲位したあと、道鏡《どうきょう》を重用するようになるのも、病気の治療がきっかけです。

新政権にとっては荒廃した国土の復興が急務でしたが、しかし唐帰りの連中がのさばることを快く思わない人々も当然いるわけですね。

たとえば全滅した藤原四兄弟のうち宇合《うまかい》（式家）の子、広嗣《ひろつぐ》です。

当時彼は九州にいましたが、その地で、七四〇年「天災が続いているのは玄昉や吉備真備が政治を牛耳っているせいや」と乱を起こします。

すぐに鎮圧されるのですが、藤原氏という身内から反逆者が出たことにショックを受けたのか、聖武天皇は平城京を離れ、伊勢へと旅立ってしまいます。

そののち恭仁宮《くにのみや》、難波宮、紫香楽宮《しがらきのみや》と都を次々移したあげく平城京に戻り、おばの元正太上天皇が亡くなった年の翌七四九年には、出家。激務に耐えられないと、娘の孝謙天皇に譲位しました。

橘諸兄は元正太上天皇に重用されてきましたが、元正が亡くなると聖武天皇の皇后・光明子の力が強くなり、今度は光明子の腹心、藤原仲麻呂が台頭してきます。それに伴って橘諸兄らの力は急速に失われていきました。

光明子＝仲麻呂政権

仲麻呂は藤原四兄弟のうち長男、武智麻呂《むちまろ》（南家）の子どもです。

彼は唐の最盛期「開元の治」を築いた玄宗に憧れていました。

光明子は仲麻呂をかわいがり、彼が望むままに光明皇太后のオフィスを「紫微中台《しびちゅうだい》」という唐風の名にあらため、その長官に任命します。

後年、仲麻呂はその他の役所や官職の名前も、それまでの大蔵省を「節部省」、宮内省を「智部省」など、唐風の名前に変えていきました。

また、この時、淡海三船《おうみのみふね》という大友皇子《おおとものおうじ》のひ孫が、歴代天皇に対して漢風の諡号《しごう》を作っています。

それまでは、『日本書紀』を見てもカムヤマトイワレヒコ（神倭磐余彦）といった和語の名前（和風諡号）だったのを、神武、天武など漢字で中国風の名前をつけたんですね。

一方で、仲麻呂は藤原不比等の死によって中断した養老律令も、その死から四十年近くたって施行したりもしています。「不比等の後継者は俺やで」という話ですね。

ちょっと不思議なのは、仲麻呂の唐風化政策は儒教に基づくもので、仏教を大切にする光明子とは、少し目指す方向が異なるのです。

しかし光明子は死ぬまで仲麻呂に目をかけ続けました。男女の関係を勘ぐる人もいるほどですが、そこら辺のことはよくわかっていません。

そんな仲麻呂に対して、橘諸兄の子の奈良麻呂が「やりすぎやで」ということで反乱を企てますが、これもまたあえなく潰されます。

正倉院の「白瑠璃碗」。ササン朝ペルシャ伝来のガラス器（奈良市の奈良国立博物館蔵／時事）

七五八年には孝謙天皇を退かせて、仲麻呂の意のままになる大炊王《おおい》を天皇の座につけました（淳仁天皇）。

そして七六〇年には人臣初の太政大臣（「大師」と唐風に改めていました）になっています。もう得意の絶頂だったことでしょう。

しかし、仲麻呂の後ろ盾であった光明子が同年に亡くなることで、あっという間に風向きが変わります。

頭の上らない母親がいなくなって娘の孝謙太上天皇の天下となりました。

彼女は仲麻呂の起こした反乱を鎮圧し淳仁天皇を淡路に追放して殺し、称徳天皇として重祚《ちょうそ》します。

カムバックした彼女には、先に述べた道鏡や吉備真備がついていました。道鏡と称徳天皇との関係については今度お話しすることにして、その前に、仲麻呂の唐かぶれはどこから来たかを少し見ていきましょう。

これまで陰謀うずまく政権のトップ争いばかりを見てきましたが、奈良時代は文化的には外に向かって開かれ、多様なものが生まれていた時代です。

東大寺の正倉院には、光明子が寄贈した聖武天皇遺愛の宝物が収められ、現代の我々もその一部を秋の正倉院展などで見ることができますが、この時代の文化は「天平文化」といわれています。

国際都市、平城京

実は唐の長安をモデルにした平城京では、日本人より外国人の方が多かったという話もあります。当時の日本には、インド人、中国人、ペルシャ人、イラン系のソグド人、ベトナム人、崑崙《こんろん》人（東南アジアの黒人）、それから朝鮮半島からの多勢の移民など、外国人がたくさん入ってきていました。

七五二年に行われた奈良時代最大のイベントである東大寺の大仏開眼供養は、インドから来た菩《ぼ》提僊那《だいせんな》が主導し、外国人もたくさん参加していました。

七五四年には鑑真も来朝し、聖武太上天皇や光明子、孝謙天皇が菩薩戒（大乗仏教の戒、武則天《ぶそくてん》も受けた）を授けてもらっています。

なぜ海外から来た人にお願いしたかといえば、偉い日本人のお坊さんがいなかったからでしょう。中国では四世紀に鳩《く》摩《ま》羅什《らじゅう》が仏典をほとんど漢訳しています。蘇我氏が仏教を受容したのはそれから百五十年後。日本とは蓄積が段違いです。

仏教から国家体制まで、中国（唐）から様々なものを受容していたのが、奈良時代の実態でした。聖武天皇をはじめとして奈良時代の天皇たちは篤く仏教を信仰することで、生まれたばかりの日本という国を守ってもらおうと考えたんですね。その様子を次回はもう少し詳しくみていきましょう。

第5章

モデルは中国「唐風化路線」

㉑ 大仏造立と聖徳太子

皆さんが奈良の都と聞いていの一番に思い浮かべるのは「東大寺の大仏」ではないでしょうか。聖武天皇が国土の安寧を祈願して造立したものでしたね。

東大寺の毘盧遮那仏《びるしゃなぶつ》は、大変巨大なものです。大仏造立に携わった人々は延べで二百六十万人あまりともいわれる、国家の空前の大事業でした。何しろ七二五年の日本の全人口は約四百五十万人、一人当たりＧＤＰは七三〇年で三八八（一九九〇年国際ドル）、当時の先進国イラク（イスラム帝国）が九二〇ですから、日本は最貧国の一つでした（数値は高島正憲『経済成長の日本史』による）。

奈良時代の仏教は、国家仏教です。皇帝や天皇が仏教を敬い、仏の力で国を鎮めて守る（鎮護国家）という教えでした。

この中国から来た教えは皇帝（君主）は仏、軍人や官僚は菩薩、人民は救いを求める衆生であり、君主が立派な政治をすれば国はよくなる、仏教によって社会をよくするのだというものです。

聖武天皇の時代、地震や疫病、内乱が次々と起こり、国土は疲弊していました。

当時は「天子の政治の乱れが、天変地異や内乱を引き起こすんや」という中国の「天命思想」（易姓革命思想）が知られていましたから、聖武天皇や光明皇后は相当深刻に受け止めたはずです。

中国にならった仏法政治

流行した疫病は天然痘でした。大陸と往来のある北九州から流行が広がり、勢いはとまらず飢饉ともあいまって、現代の研究では日本の人口の三分の一が失われたといいます。藤原不比等《ふひと》の息子たち（四兄弟）をはじめ高級官人たちも多数失われたことで、橘諸兄《たちばなのもろえ》を首班とする新体制がはじまり、税負担の免除から祈禱まで様々な対応策がとられました。

しかし、橘諸兄政権に対して七四〇年に広嗣《ひろつぐ》（藤原四兄弟のうち式家宇合《うまかい》の長男）が九州で乱を起こすと、藤原氏とつながりの深い聖武天皇は大きなショックを受けて、平城京を離れ、放浪の旅に出てしまうんですね。聖武は精神的に不安定なところがあったのです。母、宮子《みやこ》の影響かも知れません。

平城京を出て伊賀、伊勢、美濃、近江を転々とし、山背国の相楽郷《さがらかごう》（京都府木津川市あたり）に留まり、恭仁京《くにのみや》への遷都を行います。

平城京から大極殿《だいごくでん》を移築するなど本格的に造営をはじめました。

まずここで、七四一年「国分僧寺・尼寺建立の詔《みことのり》」を出します。

全国に国分寺、国分尼寺を建立して、仏さまに乱れた国内を鎮めてもらいたい、ということですね。

さらに今度は近江の甲賀郡に離宮（紫香楽宮《しがらきのみや》）を建てて入り浸り、ついに七四三年、この地での大仏造立を発願します。

結局のところ、近江の紫香楽宮での大仏作りはうまくいかず、最終的には平城京に戻って、そこで大仏が完成するわけです。

聖武天皇が構想した紫香楽宮での大仏造立は、唐の皇帝が洛陽の郊外に龍門の石窟を掘り、盧舎那仏を彫り込んだことにならったものだといわれています。

そして実は国分寺建立のプロジェクトも、中国にそのモデルがあったんですね。隋の初代皇帝、文帝の時代に、全国各州に大興国寺というものを建てさせています。また以前に武則天《ぶそくてん》を紹介しましたが中国で唯一の女性皇帝となった彼女は、自分の正統性を仏法に求め、「私は弥勒《みろく》菩薩の生まれ変わりであり、私が皇帝になって国を守るんや」と大雲経を拡大解釈して帝位に登りました。

そして、武則天は、首都だけではなく全国にそのお経を納めるお寺「大雲経寺」を建てて各地で宣伝させました。

日本の国分寺は、これらにならったものであると考えられています。

国分僧寺・国分尼寺と男女それぞれに分けて建設する事業は、武則天が夫、高宗と「二聖政治」を打ち出したことにならい、「聖武天皇と光明皇后は二人で政治を行っているんやで」と対外的に示すものだったのではないかと思われます。

大仏造立に協力した人々

大仏造立には行基《ぎょうき》というお坊さんが協力しました。当時のお坊さんは公務員のようなものでしたが、彼は在野のお坊さんでした。

お坊さんになると税金を払わなくてもいいので、勝手にお坊さんになられると政府としては困るわけですね。

行基は民衆に仏教を教えて勝手に出家させていたため、当初は弾圧の対象だったのです。

しかし彼に帰依する民衆が橋をかけたり道路をつくったり土木事業を推進するなど、行基には実行力がありました。

聖武天皇の大仏造立は、国民一丸となって各自の持てる力を注ぐプロジェクトという位置づけでしたので、行基は次第にプロジェクトの中心的な人物になっていきます。

最終的には日本で最初の大僧正に任じられた（唐帰りの玄昉《げんぼう》より上の地位でした）、日本の仏教史上、大変な名僧でした。

一方、国分寺建立の方はどうだったでしょうか。

「国分寺を作れ」と言われても、地方の人々にとっては「何やそれ」という感じだったでしょう。

東大寺の大仏（時事）

いくら有り難いものだといわれても、この頃、国内は疫病や都の造営などで疲弊していました。

そこで七四七年に「国分寺造営督促の詔」を出します。

この時代の地方制度では国の長官である国司は都の官人が任命されますが、その下で各地方を治める郡司は古くからの地方の豪族たちが選ばれていました。

彼らに「国分寺を作ったら郡司の世襲を認めるで、一族ずっとその地の主やで」と諭したことで、いっぺんに国分寺の建設が進んだのです（国分尼寺は工事の進捗状況にさらに格差があったようです）。

何事にもインセンティブが大事ですね。

「聖徳太子」の先例伝説

さて当時広まったのが、現代でも論争となる聖徳太子の伝説です。

長屋王の変ののち、国土には天変地異が多発し多くの人々が疫病に倒れたことは、光明皇后を苦しめたことでしょう。

その頃、厩戸王《うまやどのおう》が住んでいたとされていた法隆寺の夢殿のあたり（現在の東院伽藍）は荒廃していましたが、復興を志すお坊さんがいました。行信といいます。

彼は次第に光明皇后と結びついていきます。光明皇后は聖徳太子を、仏教を敬った先人としておおいに信仰し、法隆寺に多くの寄進をするようになるんですね。

行信は聖徳太子の遺物を収集し、夢殿を建立します。

光明子の信仰が篤いと知った行信は、「むかし聖徳太子という仏教で国を治めようとした人がいて、こんなことも、あんなこともしたんやで」という文書を次々と発掘（作成）します。

聖徳太子にまつわる伝承は、そのほとんどがこの時代に成立したと、大山誠一さんは『〈聖徳太子〉の誕生』で書いています。

光明子は、皇后になる前から身よりのない貧しい子どもや老人をケアする悲田院や、病院のような機能をもった施薬院《せやくいん》を運営していました。

これらの施設は武則天の悲田養病坊の事業から着想したものですが、出自の低い光明子にとってはこういった事業にも、できれば国内の先人が欲しくなりますよね。「私はその方のマネをしているだけで、事業を再興したんですよ」と。

大阪の聖徳太子が建てたと伝えられている四天王寺には、南北朝時代の筆といわれる「四天王寺縁起」（国宝）が残されています。

それによれば聖徳太子は、四天王寺に施薬院や悲田院など四つの福祉施設を建てたことになっています。

※

聖武天皇と光明皇后はこのように仏教によって国を守ってもらおうと考えました。この二人のもとで育った阿倍内親王は、やがて、さらにこの路線を突き進み、仏門に出家した天皇となるのです。

㉒ 道鏡の真実

七六九年、九州の宇佐八幡宮から「道鏡《どうきょう》を天皇にすれば、天下は太平になるで」という神託が朝廷に伝えられました。

神意を確認するために宇佐へと派遣された和気清麻呂《わけのきよまろ》は、「皇位継承者には必ず皇族を立てるんや」と前とは逆の神託を報告して、称徳天皇が「ウソや」と激怒した（しかし、結局それを呑みます）という有名な「宇佐八幡神託事件」が起こります。

前回見てきたように、奈良時代は仏教によって国家を守る考えが、政治の世界で浸透していました。聖武天皇は国分僧寺・尼寺や大仏をつくり、光明皇后は「仏教を敬った先人」聖徳太子を篤く信仰して、聖徳太子伝説を広めたのでしたね。

ふたりの娘である孝謙（重祚《ちょうそ》して称徳）天皇の時代になると、仏教と政治の合体はさらに強化され、その行き着いた先が神託事件でした。

性豪伝説の虚実

さて孝謙天皇は即位する前は、阿倍内親王と呼ばれ、わが国史上唯一の女性皇太子でした。

彼女は一度「孝謙天皇」として即位したものの、母・光明皇太后の腹心、藤原仲麻呂が望む淳仁天皇へと譲位しました。

しかし弓削《ゆげの》道鏡と出会ってから態度を変え、藤原仲麻呂を倒して「称徳天皇」として重祚しています。

道鏡について、これまで良くいう人はあまりいなかったと思います。

「道鏡は称徳天皇をたぶらかした怪僧やで。二人は男女の関係やったんや」と実《まこと》しやかな話が伝えられ現代でも道鏡は性豪の代名詞のような扱われ方をされています。

しかし最近では、見方がかなり変わってきています。学界ではふたりに男女関係はなかったと見る人が多く、男女関係ならむしろ光明子と仲麻呂の方が怪しいと見る向きもあります。

出家した女帝、立つ

孝謙天皇と道鏡の出会いは、七六一年、孝謙が譲位した後、近江（滋賀県）の保良《ほら》離宮で休養しているときのことでした。

ここで彼女は、学僧で看病禅師の道鏡に患っていた病を治してもらいます。当時、お坊さんが病気を治療するのは不思議なことではありませんでした。

元気になった孝謙は、七六二年に出家します。そして同年に有名な詔《みことのり》を出します。

「これから賞罰や人事、軍事など国家の大事は私がやる、淳仁天皇は日常の祭祀と小事を受けもて」と。

背景には七六〇年に、光明皇太后が死去したことがあげられます。以前にも見たように、聖武天皇亡き後は、光明皇太后が藤原仲麻呂と組んで権力をふるってきました。

しかし皇太后がいなくなれば、孝謙太上天皇の天下です。

彼女は天武・持統―草壁―文武―聖武と続いた嫡流中の嫡流でした。「大炊王《おおい》（淳仁天皇）は、天武の孫とはいえ傍流。仲麻呂が担ぎ出さなければ普通の人や。国を治めるのは天武・持統直系の私や」と思っていたとしてもおかしくありません。

また彼女は、持統―元明―元正―光明子と歴代の女帝や皇后が位を退いても、太上天皇（皇太后）として政治を後見してきた時代の女性です。

孝謙天皇時代は光明子・仲麻呂政権のいいようにされてきましたが、道鏡と出会い、出家したことで、彼女は自立したのだと思います。

勝浦令子さんの『孝謙・称徳天皇』という大変面白い本では、女性というハンディのあった孝謙太上天皇が、武則天《ぶそくてん》にならって出家して菩薩となり性別を乗り越えようとしたのでは、という見方を紹介しています。

さて面白くなるのは、淳仁天皇を動かしていた藤原仲麻呂です。当時は淳仁天皇から「恵美《えみ》押勝《おしかつ》」という名前を与えられていましたが、七六四年には反乱を起こします。

しかし仲麻呂はあえなく敗れて殺され、淳仁天皇も廃位されて淡路に流され殺されてしまいます。

称徳天皇は仲麻呂の陰謀発覚の直後に、鎮護国家を祈願して四天王像の造立を発願し、これが西大寺の発端となります。

称徳天皇は、父の造った東大寺に対して、西大寺を造ります。自分は大仏をつくった父と同格だと主張したのですね。大仏こそつくりませんでしたが、武則天の大雲経寺にヒントを得て現存する世界最古の印刷物、百万塔陀羅尼《だらに》をつくり十大寺に奉納しました。これらからも彼女の自負、意気込みがわかりますね。

道鏡に野心はなかった？

称徳天皇のもと、道鏡は大臣禅師、次いで太政大臣禅師へと出世していきました。称徳天皇は、最終的に道鏡を法王にまで任命します。

出家した天皇には出家した大臣をというわけです。

また法王という地位については仏教界のトップにすぎないという説と、天皇に準じる地位を兼ね備えたものだという説がありま す。称徳天皇の宣命（詔）を見ると、彼女の意図としては後者のようにも読めます。

自分は直系中の直系。父、聖武は「誰を天皇にしようが孝謙（称徳）の思いのままでか

宇佐神宮：大分県宇佐市（時事通信フォト）

まわない」と言っていたのだから自分に全権がある、と思っていたのでしょう。

しかし、道鏡のほうはといいますと、彼はサンスクリット語を解するなど、優秀なお坊さんでしたが、大臣禅師任命に対しては辞表を提出し、世俗の政治との関わりには一定の線を引いていたようです。これに対して称徳は勅を出して慰留しました。

称徳天皇も、道鏡を法王にすると同時に左大臣に藤原永手《ながて》、右大臣に吉備真備《きびのまきび》を登用するなど、官人に政治を継続して見させていました。

称徳天皇は七七〇年に亡くなりますが、称徳天皇の死後、道鏡は墓の近くに庵《いおり》を結び、一所懸命称徳のために祈っています。権力欲があったのであれば、もっと違う動きをしていたはずですよね。道鏡にはそれほど野心はなかったのではないか、という見方が最近では有力になっています。

称徳天皇の死後、失脚や暗殺が相次いだ天武系には、目ぼしい皇族は残っていませんでした。

そのため光仁天皇という天智系に皇位が移ります。

彼は聖武天皇の娘、井上《いがみ》内親王と結婚しており、ふたりの間には他戸《おさべ》親王がいて、天武系の皇統をつなぐことを期待されていました。

しかしこの母子は「光仁天皇を呪詛した」と謀反《むほん》の疑いをかけられて殺されます。藤原良継、百《もも》川《かわ》兄弟（式家）が暗躍したと伝えられています。

新たに立った山部《やまべの》親王（桓武天皇）の母は、百済《くだら》の血を引く渡来系の高野新笠《たかののにいがさ》でした。

余談ですが、このことから（平成）天皇陛下が「桓武天皇のお母さんは朝鮮半島から来た人の一族だということに深いえにしを感じます」と話されたわけですね。

ここで壬申《じんしん》の乱以来続いてきた天武天皇の系統は途絶えました。

称徳天皇と道鏡とのスキャンダル記事は、九世紀はじめに書かれた『日本霊異記』に現れます。この本は長屋王を「傲慢で悪いやつだったから、自業自得や」と貶めている一方、時の権力者である藤原氏には、ヨイショしているようにも読める本です。

皇位も天智系に移ったことで、天武系だった称徳天皇と道鏡は、悪し様に書かれる運命でした。

※

これまで見たように、先進国・唐にならった最先端の政治スタイルが、仏教による鎮護国家でした。称徳天皇と道鏡は、この仏教政治の究極点であったといえます。唐にならった施策は他にもありました。さてそれらはどうなったでしょうか。

㉓ 未完の唐風化政策

まずは奈良時代の「鹿鳴館政策」について、復習しておきましょう。

鹿鳴館は、明治維新の際に、明治政府が欧米列強諸国に「わしらもこんなに欧米文化を受容して十分馴染みましたで」と見せるために建てた舞踏会場でしたね。

天武天皇とその皇后、持統天皇、彼女の腹心、藤原不比等《ふひと》は、先進国の唐にならったスタイルを取り入れて、「わしらも負けてへんで」という背伸びした政策を打ち出しました。

①日本という「国号」②大王《おおきみ》の呼び名を「天皇」とする ③藤原京や平城京などの「都づくり」④『日本書紀』など、「歴史書の編纂《へんさん》」⑤官僚機構を持つ中央集権的な「律令国家」⑥仏教による鎮護国家の建設などなどです。官人や天皇の衣装も唐風の騎馬服に変えました。

また貴族たちが歌った漢詩集の『懐風藻《かいふうそう》』が、七五一年に編まれています。これは日本語の和歌集である『万葉集』(七五九年)よりも八年も早くできているのです。

中国において漢詩の制作は君主にも官人にも必須の教養でしたから、これも中国かぶれのひとつといえます。ただ『懐風藻』の文学的評価は、万葉集と比べると低いのが現実ですが。

これほどまで必死に背伸びしてきたのですが、結局のところ、鹿鳴館政策は中途半端に終わりました。

どうしてでしょうか。

道なかばに終わる

③「都づくり」実は藤原京、平城京、そして平安京も、いずれも完成しませんでした。広さから言えば藤原京が二十五平方キロぐらい、平城京が二十四平方キロ、平安京は二十三平方キロと、次第に小さくなっていきます。大きさは長安城の約四分の一程度です。

④「歴史書の編纂」以前にも述べたとおり、中国の歴史書は紀・伝・志・表などからなりますが、『日本書』は紀しか完成せず、志のために集められたものが『風土記』となっただけで、伝や表は作られませんでした。

⑤「律令国家」律令制のもと施行されたとされる「公地公民制」は建前だけで、実態的にはほとんど実施されなかったことは、これまで何度かお話ししてきました。

中国では原則、皇帝が替わるたびに律令が作り直されてきましたが、日本は飛鳥浄御原令《あすかきよみはらりよう》、大宝律令、養老律令の三回で終わりました（存在自体が疑わしい近江令を入れると四回となります）。

そのうち、飛鳥浄御原令は存在が疑われていましたね。

また七〇一年の大宝律令から、養老律令（七五七年）まで、半世紀以上を要しています。

養老律令は、不比等が途中まで編纂していたものの、彼が七二〇年に亡くなると中断されました。やろうとする人がいなかったのです。

後年、実際に施行された養老律令は、大宝律令を大きく変えるものではなく、不比等の孫である藤原仲麻呂が、祖父を顕彰するとともに、「不比等の後継者は俺やで」と天下に示すのが施行の目的だったといわれています。大宝律令と養老律令はほぼ同じものだと考えられていますので、わが国は、実質的には不比等が領導した一度しか律令を編纂することができなかったのです。

大宝・養老律令の後は、現実に即した細かい修正を重ねていき（三代格式など）、新たな律令が編纂されることはありませんでした。仲麻呂はやはり不比等にならってか新しい国史『続日本紀』の編纂も始めていますが、これも中断し、完成は桓武天皇の時代になります。

つまり、日本では中国のような整然とした官僚機構や行政システムが十分に発達しなかったのです。また天皇という称号も、村上天皇を最後に使われなくなっていきます。

官僚制が不十分だった日本

中国では藤原氏のような外戚《がいせき》や皇帝の親族が、大きな権力を持つことが難しいシステムを採用していました。

科挙が行われ、試験で登用された優秀な官人が皇帝を補佐する大臣のポジションに就いて「これはダメです」とビシッと進言できた。つまり、政府（官僚制）が機能していたのです。

科挙は全国で実施する官僚登用試験でした。これを実施するには、全国の少なくともある程度の身分以上の人には十分な教育がいきわたっている必要があります。

たとえば参考書がないと試験勉強はできませんし、教師も必要です。

もちろん、大宝律令には「学令」があり、日本にも律令に定める大学がありました。

秀才、阿倍仲麻呂《あべのなかまろ》は、日本の大学で学んだのちに唐の科挙に合格しますが、仲麻呂は上流貴族の出身です。

日本では、中国のような能力主義が十分には発達しませんでした。

もともと古代の豪族たちの連合政権であったために、生まれがいいほど出世するシステムが組み込まれていたのです。

優秀な官僚による強い政府を作るだけの国力がなかったために、天皇家と縁続きになった藤原氏が権力の中枢に居座り続け、その後はケンカの強い武士の時代となるのです。

日本の中央集権体制へ向けた変革はこのように中途半端に終わりました。

その理由の一つには白村江《はくすきのえ》の敗戦（六六三年）以降、怖れられていた唐の圧力が減じたこともあげられるでしょう。

唐風の国際外交の顚末

唐の記録では、日本は六六九年に、「高句

1979年に建てられた阿倍仲麻呂記念碑：中国・陝西省西安市の興慶宮公園（時事通信フォト）

麗を平定され、これで東のほうは落ち着きましたね、おめでとうございます」というゴマすり的な祝賀の遣唐使を送っています。

以前お話ししたように、この時代は遣唐使を何度も派遣し、唐の方も日本に軍事使節団を送るなど、戦後処理に明け暮れていた時代でした。

その後六七〇年から七六年にかけて唐・新羅《しらぎ》戦争が起こり、また、六九八年には高句麗の遺民が、朝鮮半島の付け根のあたりに渤海《ぼっかい》という国を興して、唐と戦争を始めます。

さらに七五五年には唐の内部で安禄山《あんろくざん》の乱、それに続く史思明の乱（合わせて「安史《あんし》の乱」という）が起こったことで、唐はガタガタになり、周辺諸国にとって唐は脅威ではなくなっていきました。

一方で唐にならう政治を志向していた日本は、外交においても唐にならい、新羅や渤海など周辺諸国に対して、「日本に遣いを寄越せ、朝貢してへりくだれ」と圧力をかけていました。いわゆる小中華思想ですね。

平城京にはペルシャ人やインド人もいて、中国人、朝鮮人など、日本人以外の外国人のほうが多かったという話を以前にも紹介しました。

大唐世界帝国を模す政策の別の面では、このような外交スタイルも模していたんですね。もっとも外国人といっても大多数を占めていたのは滅んだ百済《くだら》や高句麗の遺民たちでした。

新羅は、唐と戦争をしているあいだは、日本に後ろから攻撃されたくないので遣いを送っていました。しかし遣いは寄越すものの「日本国の天皇にお仕え申し上げます」というような国書は持ってきません。

渤海も、国書は持ってくるものの、巧妙にも自分たちが日本より下なのか上なのかを明確にしていません。

当たり前ですが新羅にしても渤海にしても、日本より下だとは思っていないわけです。日本は「遣いが来るのだからへりくだっている証拠や」とごまかしながら唐風の外交をしていたのです。

しかし唐との戦争が終わり、講和が済むと、新羅は唐と仲良くなり、日本に遣いを送らなくなります。

当代きっての唐かぶれの藤原仲麻呂は頭に来て新羅出兵を考えますが、仲麻呂政権自体が孝謙太上天皇によって瓦解し、結局出兵は実現しませんでした。

※

内乱で衰えたとはいえ、唐は文化的にも当時の大先進国でした。人口は十倍以上、一人当たりＧＤＰでもおそらく日本の二倍はあったと思います（現在も中国の人口は日本の十倍以上ありますが、一人当たりＧＤＰは日本が中国の四〜五倍と上回っています）。国力の違いは厳然としていました。日本の唐風化路線は平城京から平安京に移ったあとも、さらに続いていくことになります。

㉔ 平安京は大きすぎた

七九四年に桓武天皇が平安京に遷都してから、一八六八年の明治維新の後、明治天皇が東京に引っ越すまでの千年以上の間、一一八〇年の福原遷都を除いて京都はずっと天皇の御在所でした。

その前半にあたる平氏（伊勢平氏の正盛の系統）滅亡の一一八五年までの約四百年間を、一般に平安時代と呼んでいます。

平安京の造営は、桓武天皇の出自が低く、自分の権威を欲したことが動機のひとつでもありました。少しおさらいしながら見てみましょう。

渡来系の母を持つ桓武天皇

七七〇年に称徳天皇が亡くなると、藤原永手《ながて》（藤原不比等《ふひと》の子孫である藤原四家のうち、北家）と藤原良継（式家）、その弟、百川《ももかわ》らが、天智天皇の孫である六十二歳の光仁天皇を擁立《ようりつ》しました――約百年ぶりの天智系天皇の誕生です。

奈良時代の称徳天皇までは、壬申《じんしん》の乱で天智系から皇位を奪った天武・持統系の天皇が続いていました。

光仁天皇は、聖武天皇の娘、井上《いがみ》内親王を皇后にして両統を結ぶかたちで即位したのですが、井上内親王とその子の他戸《おさべ》皇太子は、陰謀に巻き込まれ殺されてしまいます。

そして光仁天皇の別の子、山部親王《やまべの》が七八一年に桓武天皇として四十五歳で即位します。

この桓武即位には、先ほどの良継、百川兄弟が暗躍したようです。

ふたりの兄、広嗣《ひろつぐ》は、聖武天皇の時代に筑紫《つくし》で乱を起こした反逆者でした。その弟である良継、百川も政権からは遠ざけられていましたので、彼らは光仁天皇と山部親王に式家の将来を賭けたのです。

山部親王のお母さんは高野新笠《たかののにいがさ》という渡来系の地位の低い人でした。

そこで山部親王の妻に藤原良継の娘、乙牟漏《おとむろ》（後に皇后）、百川の娘、旅子《たびこ》（後に夫人）がついて、藤原式家がバックアップしたのです。桓武天皇が即位するころには、良継も百川も没していましたが、乙牟漏から平城《へいぜい》天皇と嵯峨天皇が、旅子からは淳和《じゅんな》天皇が生まれることになります。

前政権と違うことをあえてやる

さて以前、藤原氏の母（当初は身分が低いとされていた）を持つ聖武天皇が即位するまでの長い道のりを見てきました。今度の桓武天皇の母は渡来系の人です。

高位高官たちは桓武天皇を「なんやあいつ」と思っています。舐められないためにも、桓武はこれまでとは違った政策を積極的に行う必要がありました。

これまでの政治は聖武、称徳天皇を中心に仏教による鎮護国家を目指していましたね。そこで桓武は、称徳以前の、藤原仲麻呂による中国にならった「唐風化（儒教政治）」路線に目をつけました。

奈良時代の政治は、おおまかに言えば、仏教（聖武・光明子）→儒教（仲麻呂）→仏教（称徳・道《どう》鏡《きょう》）と振れていました。桓武は儒教に傾きます。

たとえば桓武は、昊天祭祀《こうてんさいし》という中国の皇帝が冬至の日に、天（中国の神）と初代の皇帝を祭る行事にならった祭りをやっています。

「天武系から天智系へ、父の光仁の代で王朝交代、新王朝が起こったんやで」と自分の皇位を正統化し、権威づけたわけですね。

また奈良の平城京では、東大寺、興福寺をはじめとする大きなお寺が軒を並べて権勢をふるっていました。

そこで、「坊さんがでかい顔しているのはイヤや」と、奈良から出ることにしました。七八四年に新しい都・長岡京に遷都し、「奈良の寺はついてくるんやないで」と命じます。

ただ、長岡京は十年で放棄され、平安京へと都を移します。

桓武天皇の腹心だった藤原種継（式家）が暗殺され、その犯人と疑いをかけられた弟の早良《さわら》親王（皇太子でした）が抗議の餓死をしたのち、近親者の死が相次ぎます。結果、「早良親王の祟りやで」ということになり、長岡京放棄につながったといわれています（早良親王は死後「崇道天皇」の諡号《しごう》を与えられています）。

平安京は唐の長安を模して、その四分の一強の大きさでした。

にもかかわらず、メインストリートを真ん中に挟んで左京と右京に分けて、中国のふたつの都にちなんで右京を長安城、左京を洛陽城と呼んでいました。

余談ですが、もともと湿地帯だった右京に人が住まなくなり長安城が廃れたので、左京の「洛陽」

が京都の代名詞となり、「上洛」「洛中洛外図屏風」といった呼称につながります。

メインストリート（朱雀大路）は幅が八十四メートルありました。

名古屋の百メートル大通りにちょっと足りないぐらいです。

これは天皇の権威を国内外に見せ付けるためにつくったものでした。かつての古墳と一緒ですね。

しかし平安京が完成したころには、新羅《しらぎ》は唐との戦争を終えて仲良くなっていたので日本へは遣いを送ってこず、感心してくれたのは高句麗の生き残りが立ち上げた渤海《ぼっかい》からの使者だけでした。

結局、日本人にとって平安京は大きすぎたんですね。

もうひとつ、桓武天皇は軍事方面でも頑張ります。

実物の10分の1の大きさで復元された平安京の羅城門（時事）

まずこれまでの律令制度による「国民皆兵」制をやめ、郡司の子弟などに国府の警備をまかせる「健児《こんでい》」制度をはじめます。

さすがに安史の乱で疲弊した唐からの来襲はもうあり得ないし、国内の治安維持さえしっかりできればいい、ということですね。

一方で、東北地方に対しては、これまで以上に「征夷」事業を強化しました。

中国には「中央に中華があり、その周囲には野蛮人が住んでいる」という中華思想があります。桓武天皇の蝦夷《えみし》討伐は、周辺の蛮人を中央が支配して教化するのが天子の仕事やでという、唐かぶれの政策の一環でした。

征夷のための軍の派遣は、桓武が天皇になってすぐの七八九年に始まりました（大敗）。七九三年の第二回、第三回で活躍したのが有名な坂上田村麻呂で、八〇二年に敵方の指導者アテルイを捕まえ京都へ引っ張ってきています。

平安京も蝦夷征伐も大変お金がかかったので、晩年の桓武は、八〇五年、「徳政相論」というかたちで臣下に議論をさせました。

結局、「蝦夷征伐と平安京造成の負担で、人民は苦しんでいるんやで」という藤原緒嗣（百川の子）の意見を容れて、どちらの事業も未完で終ります。

がっくりときたのでしょうか。桓武は翌年には病に倒れて死去し、平城天皇が即位することになりました。

ハード重視とソフト重視

この唐風化路線は、桓武の次の平城天皇の時代はやや落ち着きましたが、その次の嵯峨天皇の時代に再燃します。

ただ、桓武天皇が遷都や軍事といった「ハード重視」の事業に重きを置いたとすれば、インテリであった嵯峨天皇は、唐の礼法を導入して朝廷の儀式を整えるなど「ソフト重視」で臨みました。嵯峨は、漢詩文を嗜み、日本最初の勅撰漢詩集『凌雲集《りょううんしゅう》』の編纂《へんさん》を命じたりしています。また、嵯峨は書にも秀でており、空海、橘逸勢と並んで三筆と称されています。

唐は、当時の日本にとって世界そのもの。「背伸び」とは唐の真似をすることだったのです。

唐の玄宗皇帝が死刑を停止したことにならい、嵯峨も死刑を停止し、以降、平安時代の三百年ほど公式の刑罰としては死刑がなくなります。その背景には、奈良時代から続く血みどろの権力闘争への反省もあったのかもしれません。次回詳しく見ていきましょう。

㉕ 天皇の権威、分裂す

平安前期におきたわが国の混乱は、当時の天皇家における二つの特徴からきています。ひとつは「二所朝廷」。そして兄と弟の系統を互い違いにして天皇が即位する「皇統迭立《てつりつ》」の問題です。

いずれも天皇の権威の分裂を招く要因を孕んでおり、実際にそれが火をふく結果になったのです。

平城太上天皇の変

「二所朝廷」とは、要するにふたりの船頭が互いに譲らない状態です。

飛鳥・奈良時代には、天皇をやめたあとも持統、元明、元正、孝謙などの太上天皇（上皇）が事実上、天皇よりも強い権力を持っていました。後に平安後期にも院政が始まり、院（上皇）は治天の君として幼少の天皇を後見する名目で、政治の実権を握ります。

この統治スタイルは、天皇が太上天皇を立てて「はい、先輩」と言うことを聞いていれば問題がおこらないのですが、聞かないとたちどころに問題が発生します。それが「平城《へいぜい》太上天皇の変（薬《くす》子《こ》の変）」でした。

桓武天皇が二十五年の治世の末に死去すると、平城天皇が八〇六年に即位します。

平城天皇の懐刀《ふところがたな》だったのが、藤原仲成と薬子の兄妹。ふたりは藤原式家、種継の子どもたちです。種継は長岡京造営に関わり殺された桓武天皇の側近でした。

薬子は平城天皇が皇太子（春宮《とうぐう》）であったときの、御付の長官（春宮大夫）の妻でした。娘が皇太子の後宮に入ると母の薬子も寵愛を受けるようになります。そして平城天皇が即位すると、邪魔な薬子の夫は九州へと飛ばされてしまいました。

それはさておき、平城天皇は心身ともに病弱だったので、三年で弟の嵯峨天皇に譲位します。八〇九年のことです。

そして嵯峨天皇は平城太上天皇の子、高岳《たかおか》親王を皇太子にします。

ところが天皇を辞め薬子や仲成とともに平城京に戻り、健康を取り戻してくると、平城太上天皇は、政治の実権も取り戻したくなってきます。

一方で嵯峨天皇の方も自分の秘書役として蔵人所《くろうどどころ》を設けて、その頭に藤原北家の冬嗣を任じ、嵯峨側の情報が平城側に漏れないようにしていました。

そうこうしているうちに八一〇年、平城太上天皇は嵯峨天皇に相談せず、平城京に遷都するという詔《みことのり》を出してしまうのです。

こうしていわゆる「薬子の変」が起こります。昔は「悪いのは薬子やで」ということでそう呼んでいましたが、現代の研究では「いやこれは平城太上天皇が主導したんや」ということで、「平城太上天皇の変」と呼ばれるようになりました。

この変は機先を制した嵯峨天皇側の圧勝でした。薬子は自殺し、平城太上天皇は出家します。

この変によって平城太上天皇の息子であり嵯峨天皇の皇太子であった高岳親王は廃されます。

余談ですが、嵯峨天皇が平城太上天皇の変にビビったときに、タイミングよく空海が現れて「絶対に勝ちます。祈禱してあげまっせ」とすり寄ってきたことで、瞬く間に朝廷に取り入ります。皇太子を廃された高岳親王は出家して空海の弟子となり、その後唐へ赴き、さらに天竺へ行こうとしていまのシンガポールのあたりで行方不明になっています。彼の生涯は澁澤龍彦が『高丘親王航海記』という小説にしていますが、数奇な運命を辿った皇子でした。

嵯峨天皇は、弟の淳和《じゅんな》を皇太弟に立てて、自分が退位する時には太上天皇の大権を自ら放棄しました。

のちに陽成天皇のときに人臣、藤原基経の「摂政」が成立するのは、ここで嵯峨天皇が「天皇は譲位したら、後見役としての権力を持たない」、と政治への不関与を慣例にしたからでした。この慣行が院政開始期まで続き、「二所朝廷」の問題はひとまず収束しました。

摂関政治への道

さて淳和天皇が即位すると、皇太子には嵯峨天皇の子が立てられ、次の仁明《にんみょう》天皇になります。淳和天皇には、嵯峨天皇のお嬢さん（正子内親王）との間に、恒貞《つねさだ》親王が生まれていました。そこで今度は仁明天皇がこの恒貞親王を皇太子にします。

このようにオジさんと甥っこでタスキがけに継承していく（皇統迭立）のは、譲り合いのように見えて一見「いい話」のようですが、天皇の継承権を持った流れが複数あるわけで、明らかに不安定でした。

現に恒貞親王は「巻き込まれるのはいやや」と立太子を再三辞退したといわれていますが、案の定、八四二年に「承和《じょうわ》の変」が起こります。

恒貞親王は、先に見たように天皇の娘との間に生まれた皇子なので、有力な臣下（藤原氏）のバックアップがありません。

外祖父である嵯峨太上天皇が八四二年に亡くなると、近しい人たちは「大丈夫かな、藤原氏の連中に殺されへんやろか」と焦りました（父親の淳和太上天皇はその前に死去）。

そこで阿保《あぼ》親王に相談します。

阿保親王は平城天皇の皇子でしたが、父、平城太上天皇の変後は冷飯を食べさせられていた存在でした。

ところが、阿保親王はその話を、恒貞親王の外祖母でもあった嵯峨天皇の皇后、橘嘉《たちばなのか》

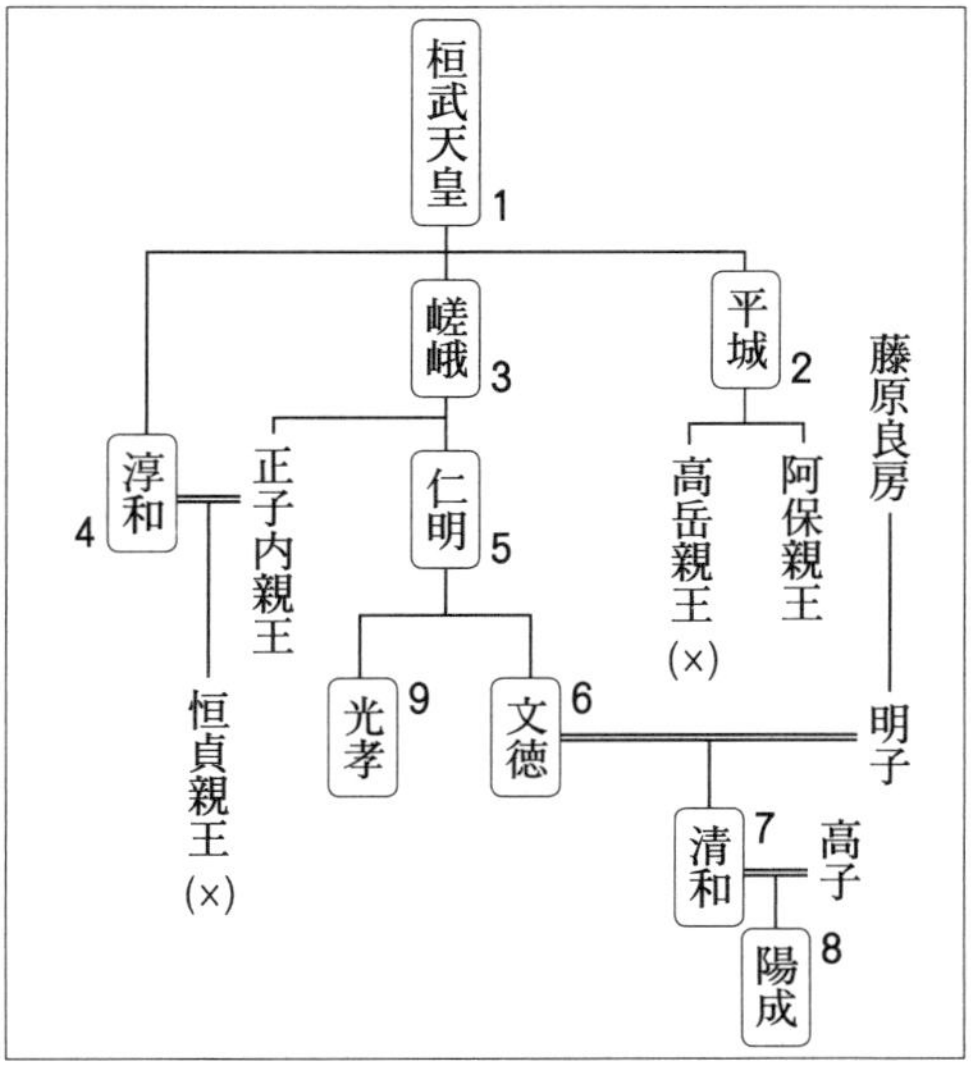

平城天皇と嵯峨天皇、淳和天皇は兄弟。嵯峨天皇は兄弟間で皇位を回すことを考えましたが、うまくいかなかった（×は廃太子）

智子《ちこ》（橘奈良麻呂の孫、檀林皇太后）に密告するのです。

「あいつら東国に逃げて恒貞親王を担いで謀反《むほん》を起こすみたいです」と。

この密告を橘嘉智子は中納言藤原良房《よしふさ》に相談して、謀反が露顕することになりました。良房は先に出てきた藤原北家、冬嗣の息子です。

ただちに藤原式家をはじめとして、大伴氏や紀氏、橘氏といった有力氏族も「連座した」と処分を受けることになりました。

恒貞親王は「謀反を知らなかったとしても責任は免れられない」として皇太子を廃されてしまい、新しい皇太子として、仁明天皇の子の道康《みちやす》親王（文徳《もんとく》天皇）が立てられます。

この時代について、とても興味深い本である瀧浪貞子さんの『藤原良房・基経』によれば、事件は橘嘉智子の、わが子、仁明への溺愛と、それにつながる仁明直系への皇位継承への強い思いが影響したのではという指摘がなされています。

つまり、ここでの橘嘉智子と藤原良房の関係は、かつて持統天皇が藤原不比等《ふひと》と組み、その子、草壁皇子、そして草壁亡き後はその子どもの文武を次の天皇にすべく熱烈に動いた関係と相似ではないかというのです。

橘嘉智子は仁明を本当に溺愛していたようで、仁明が死ぬとその直後に死んでしまいました。

文徳天皇は、良房の妹、順子《のぶこ》の子どもでした。藤原良房は外伯父の立場を得て、橘嘉智子の望みを叶えたついでに、自身の栄達をも叶えたわけです。

また藤原良房は嵯峨天皇の娘の潔姫《きよひめ》をもらっていました。人臣が天皇の娘をもらうのは当時極めて異例で冬嗣、良房親子が嵯峨天皇に非常に信頼されていたことがわかりますね。その潔姫との間に、明子《あきらけいこ》が生まれています。

明子を次の文徳天皇に娶らせて、惟仁《これひと》親王（清和《せいわ》天皇）が誕生しました。もちろん他の皇子たちを押しのけて皇太子にします。

八五七年、藤原良房は太政大臣に任じられました。人臣としては仲麻呂、道鏡《どうきょう》以来です。しかしその翌年に文徳天皇は急死してしまいます。

そこで史上最年少、九歳の清和天皇が即位したことによって、外祖父の立場で藤原氏が政治を動かすスタイルが確立しました。

藤原氏による「摂関政治」時代の幕開けまで、あと一歩です。

第6章

摂関政治と熾烈な権力闘争

㉖ 兄弟（妹）げんかで生まれた「摂政」「関白」

八六六年四月、政治の中枢である朝堂院の正門、応天門が炎上するという事件が起きました。この火事をきっかけに、天皇の政治上の仕事を臣下が代行する「摂政」の役職が登場します。天皇が幼い時は最上位の臣下（藤原氏）が摂政、成人すると関白を務めるという「摂関政治」が始まりますが、いずれも、はじまりは藤原氏の天皇家を巻き込む兄弟・兄妹げんかが関わっていました。

藤原良房《よしふさ》という時代のキーパースンを中心に見て行きましょう。

兄弟げんかから生まれた「摂政」

藤原良房は藤原北家、冬嗣の次男でした。良房は父、冬嗣とともに嵯峨天皇に大変信頼されていたようで、異例中の異例にも、嵯峨天皇の娘、潔姫を娶りました。

嵯峨天皇の皇后、橘嘉智子《たちばなのかちこ》にも信頼され、「承和《じょうわ》の変」では彼女の意をくみ、恒貞《つねさだ》皇太子（淳和《じゅんな》天皇の子）を廃して、嘉智子の愛する息子、仁明《にんみょう》天皇の子（のちの文徳《もんとく》天皇）を皇太子に立てることに貢献します。

その文徳天皇に娘（明子《あきらけいこ》）を嫁がせて、これまた皇子（のちの清和《せいわ》天皇）を儲けるわけです。

良房は文徳天皇から太政大臣に任じられ、位人臣を極めました。

八五八年、文徳天皇は急死します。死因は脳卒中だとされていますが、あまりの突然死だったために、良房が殺したのではないかと指摘する人もいるほどです。

文徳天皇の死後、九歳で即位した清和天皇を、良房が補佐することになったからです。

さて彼には兄弟がいました。ここで重要なのが同母の兄である長良《ながら》（長男）と弟の良相《よしみ》です。

兄の長良は、人はいいけれど出世には興味がない、一方の良相は、良房が太政大臣（最高位ですが、実務は下々に任せる立場です）になると、実務を握って出世していき、右大臣に昇ります。

皇太子の惟仁《これひと》親王（清和天皇）には、明子以外に子どものいなかった良房を尻目に、良相は自分の娘を嫁がせていました。

そして良房が重病にかかると、良相は兄を軽んじるようになったんですね。これには良房もいい気持ちがしなかった。

「応天門の変」が起こるのは、そういった状況のなかでした。

まず「応天門が燃えたのは左大臣、源信《まこと》のしわざやで」と、大納言、伴善男《とものよしお》と良相が組んで、源信を失脚させようとしました。

源信が消えれば、良相に左大臣への道が開けます。

そこを良房は、源信への処罰を止めて代わりに伴善男を「陰謀の真犯人」に仕立てて処分することで、伴氏と良相の陰謀を砕いたわけです。

「弟に勝手な真似はさせんぞ」といったところでしょうか。

この世情の不安を背景にして、清和天皇は良房を人臣初の「摂政（君主の代理）」に任じました。

もっとも、それまでのわが国に摂政という役職があったかどうかは大いに疑問で（聖徳太子摂政説はほぼ否定されています）、良房がわが国初の摂政だといってもいいでしょう。

兄妹げんかから「関白」が生まれた

この「応天門の変」をきっかけに、男の子のいない良房が、自分の後継者に弟、良相とは別の者を立てようと考えたのでは、と瀧浪貞子さんは『藤原良房・基経』で指摘しています。

そこで子沢山だった長兄の長良の子どもの中から、才気溢れる基経《もとつね》を養子に迎え後釜に据えました。

良房が死にそうになると基経はすぐに右大臣になります。

さてその基経の実の妹に高子《こうし》がいました。

彼女は気が強くて美人で、歌人として有名な在原業平《ありわらのなりひら》（阿保《あぼ》親王の子）と大恋愛をしていたことでもその名が伝わっています。

「昔男ありけり〜」と語られる『伊勢物語』に、主人公が「好きな女と逃げたが、女は鬼に食われてしまった」という話があります。基経たちが「高子は天皇に嫁がせるんや」と業平から取り返した故事を踏まえたものです。

このことも影響したのか、基経と高子との仲は険悪でした。

この高子が清和天皇に嫁ぎ、貞明《さだあきら》親王（のちの陽成《ようぜい》天皇）を産むことになりました。

その後、藤原良房が死に、清和天皇は体調不良と相次ぐ大火災のショックから譲位を決意します。

そこで貞明親王を九歳で陽成天皇として即位させますが、清和は嵯峨同様、政治を後見することを望みませんでした。代わりに清和太上天皇は、基経に摂政として陽成天皇を補佐するように命じます。ところで陽成天皇は、基経の妹の高子の子でしたね。

国母となった高子は基経を軽視する態度をとることもあり、その影響下で陽成天皇は育ちました。

さらに陽成は性格的にも言うことをきかないところがありました。宮中で部下を撲殺するなどの問題行動もあったようです。

「これは諫めてもムダやで」ということで、清和が三十一歳で亡くなると基経は陽成天皇を見限ることにし、十七歳で退位させてしまいます。

そして基経は、文徳天皇の弟である光孝《こうこう》天

在原業平の肖像画（不退寺）

皇を引っ張ってきます。

光孝天皇は基経とは直接のつながりはありませんでしたが、基経の異母妹の高位の女官淑子が誼みを通じていました。淑子は、光孝天皇（当時の時康親王）の子ども定省王（後の宇多《うだ》天皇）を猶子としていたのです。

陽成には実の弟（貞保親王）がいました。しかしその母も、当然ながら高子です。陽成を退位させるとなれば、高子との関係は断絶します。もうこのラインは全部諦めるしかないわけです（巻末の天皇家系図2参照）。

光孝天皇は五十五歳ですから、幼帝のための「摂政」は不要です。しかし登極の経緯を承知していますので、「基経に政治を任せるよ」と、全権を委ねました。

これが「関白」という役職の発端です。ただし、厳密に述べれば、「関白」という話は未だ用いられていませんでした。

藤原氏との距離で揺れ動く天皇

光孝天皇が在位三年で病勝ちになり、宇多天皇が即位しました。

宇多天皇は実母が皇族（桓武の孫）である久々の天皇でした。

そのせいか、基経を任ずるにあたって、「阿衡《あこう》」という言葉を用いて詔勅を出したためひと悶着が起こっています（阿衡事件。阿衡とは商の湯王の宰相伊尹《いりん》の称号）。

基経が「阿衡っていうのは、えらいけれど仕事のない名誉職やないか。じゃ、その通りにするわ」

とダダをこねたわけです。宇多天皇は、「基経の仕事は関白やで」、と説得するはめになりました。これが、関白（西漢の宣帝が霍光《かくこう》に「関《あずか》り白《もう》す」よう指示した故事から）という言葉が初めて使われた詔書になります。

基経の死後、宇多天皇は関白をおきませんでした。こりごりしたのか、宇多天皇は、藤原氏と距離をとろうとします。

その後、宇多天皇は息子の醍醐天皇に譲位します。

そして宇多天皇と基経に一目おかれてきた学者、菅原道真が右大臣に任じられました。基経の長男、藤原時平《ときひら》は左大臣になります。

ところが九〇一年に「昌泰《しょうたい》の変」が起こり、菅原道真が左遷されます。

醍醐天皇は宇多天皇とは逆に、時平の妹、藤原穏子《おんし》を貰い、「藤原氏とベッタリのほうが政治は安定するで」と考えていたんですね。ですからこの事件は宇多・菅原vs醍醐・時平の争いでした。しかし「道真の祟り」か時平は数年後に死にます。醍醐天皇は結局関白をおきませんでした。

醍醐天皇のあとは、穏子から産まれた朱雀《すざく》天皇が就きます。次の村上天皇も穏子の子どもです。時平の弟の藤原忠平《ただひら》が摂政、関白となり、本格的な「摂関政治」の時代が幕を開くことになります。

それは、律令制度の変化と軌を一にしていた出来事でした。

㉗平将門の乱の意味するもの

西暦十世紀半ば、朱雀《すざく》、村上天皇の時代に、藤原基経《もとつね》の子である忠平《ただひら》が摂政、関白に任じられ、本格的な「摂関」時代が始まりました。一方、地方でも大きな変化が起きています。九三九年、常陸《ひたち》国府（茨城県石岡市）を平将門《たいらのまさかど》が襲いました。

将門はかつて藤原忠平に仕えていましたが、将門の父の死をきっかけに数年前から一族で内紛を続けていました。そしてこの一件を機に、将門は国家への反逆者となります。

公地公民制から請負制へ

この時代、地方ではそれまでの律令制の建前が崩れてきていました。

「大宝律令」下の公地公民制では、「班田収授」が行われていました。国家の土地を一定の年齢に達した農民に等しく分け与え、税を納めさせるという仕組みでしたね。

ただこの制度は全国には徹底されず、天皇家や豪族の私有地が混在するものであったこともこれまで何度か紹介してきました。

さらに国司が地方豪族と交じって京都に戻らず土着したり、郡司を務める地方豪族の中から広く農場経営を行う者、あるいは意欲のある農民からも「富豪層」が生まれてきます。

既に奈良時代には「三世一身法」や「墾田永年私財法」など、「開発した田畑は自分のものにしてええで」という法律が出されています。

公地公民制は「土地は公平に分けるけれど、死んだら返却」という、共産主義のような一面がありましたので、開墾者のインセンティブを刺激して土地開発を進めたのです。

そこで、九世紀までの日本では、開墾がどんどん進み、景気が良くなっていきました。要するに開発バブルが起こったのです。

このような中で形成されていった富豪層はのちに「田堵《たと》」、なかでも特に経済力の大きい人が「大名田堵」と呼ばれることになります。

さて国司はひとりと思っている人が多いと思いますが、実は複数の人間でワンセットになっていました。一番えらいのが守《かみ》、次に介《すけ》、掾《じょう》、目《さかん》と順に並ぶグループ（四等官と呼びます）が国司です。

郡司は、国司の下にいる、ノンキャリアの地方豪族でしたね。

しかし八世紀末になると有力な国司はアガリをもらうだけで「俺は京都がええから行かへんで。お前に任せる」といって、次官以下に仕事を任せて現地に行かない者（遥任）が現れました。

そこで国司四等官の中で実際に現地に行き、中央政府への税の納入責任を負った者（現地に行く一番えらい役職の人）を「受領《ずりょう》」と呼ぶようになりました。引継書類を「受領」するからこの名がついたわけです。

そして、受領に徴税や警察の権限を集中させるようになりました。「なにしてもええから、中央に税を納めるんやで」というわけです。

受領は地方の実態を見て「班田収授」はもう無理やなと考えます。

そこで国有の田畑を「名田《みようでん》」に再編成します。この「名」田を富豪層の田堵たちに請け「負」わせて、納税責任者（負名《ふみよう》）としました。

はじめは「請け負わせた」だけで、建前は「土地は国のもの」だったのですが、そうこうしているうちに、名田の永代保有者が出てきます。それが「名主《みようしゆ》」と呼ばれるようになっていくんですね。

受領 vs 富豪

このように富豪層は地方において力を持つようになりましたが、国家権力側の受領とは必ずしも友好関係であったわけではありません。

受領には税を取り立てて中央に送る役割が与えられていましたが、割り当てられたもの以上は、自分のポケットに入れることができたので、農民から相当がめつく搾り取る存在でもありました。

そんな受領たちに対抗するため、富豪層は、京都の「院宮王臣家」に賄賂を贈り、家人《けにん》になりました。

「院」は太上天皇、「宮」は皇后、皇太后や皇太子、「王」は親王や内親王、天皇の子孫、「臣」は藤原氏など上流貴族のイエのことです。

「私は関白藤原忠平の家人です」となると、がめつい受領も、うかつに手が出せなくなるわけですね。

今で言えば「有力政治家と親しくさせてもらっています」と言えば、運が良ければ公務員などから忖度してもらえるのと同じです。

皇族や貴族に（名目上）寄進された土地が免税されるしくみを使って広がったのが、「荘園」でした。

また富豪層は私兵も養い、近くの中小の富豪らとともに協力し、武力でも受領に対抗する存在になっていきました。ときには武装反乱を起すようなものも現れます。

十世紀の中頃にもなると、当時の技術で開墾できるところは開墾し尽くしたので、開発バブルは崩壊して、地方経済は苦しくなっていました。

醍醐天皇や村上天皇の時代は、「延喜《えんぎ》・天暦《てんりゃく》の治」と称され立派な政治が行われたと後世に謳われるようになりましたが、実際には、関東では武装盗賊（群盗）が出没し、瀬戸内海を中心に海賊も横行して、地方の治安は悪化していたのです。

平将門の乱：秀郷草紙（金戒光明寺蔵）

武士のリーダーが生まれる

平将門の祖父、高望王《たかもち》は桓武天皇の曽孫でしたが、八八九年に上総介に任命されて関東に赴きました。そこで地方豪族と婚姻して土着化し、一帯に平氏一門が生まれます。

高望王の孫、平将門は、現在の茨城県坂東市のあたりを本拠とする富豪層のひとりでした。当初は伯父との勢力争いに勝ち勢いをつけた平将門ですが、その後、その威勢の良さに受領と争う近隣の富豪層が頼ってくるなかで、将門もその対立のなかに巻き込まれていくようになります。

こうして将門は兵をあげることになります。

平将門は、最盛期には坂東八カ国（関東地方）を占領、支配しました。

その後、先年九州で死去して祟りを怖れられた菅原道真のお告げということで、将門は「新皇」を名乗ることになります。

一方で、同じく九三九年に西日本で反乱を起した藤原純友《すみとも》（藤原北家につながる貴族）は、当初は海賊を取り締まる側でしたが、そのまま現地に留まり海賊化し、政府に反旗を翻しました。

将門や純友に与《くみ》したのは、当時の富豪層を中心に、中央から来た受領支配に不満を持っていた地方の新興層が多かったようです。

この将門・純友の乱（天慶の乱）前後で、律令体制は完全に変質したといえます。

朝廷が国内統治を受領に任せ、問題が起きれば受領と結ぶ有力武家の実力でカタを付ける体制になったことを、研究者は「律令国家から王朝国家へ」と表現しています。

「天慶の乱」は律令体制下の貴族たちが経験する初の本格的な反乱でした。ですから都の貴族たちは震えあがり、乱を鎮圧した人の家系の子孫は特別視され（将門を倒した平貞盛の子孫が清盛です。また北条氏も子孫だといわれています）、ここから、のちの武士のリーダーが生まれてくることになります。

※

ところでこの乱が東西でほぼ同時に起こったことで、中世には平将門と藤原純友が共謀していたという伝説がうまれます。ふたりで比叡山に登って、眼下に広がる京都を眺め天下を二分しようぜと語り合ったとか。そこで時代を少し遡り比叡山を開いた最澄とそのライバル、空海について次回はみていきましょう。

㉘ 僧界のプリンス、最澄と政僧、空海

桓武天皇の平安京遷都の理由のひとつに、聖武、孝謙（称徳）天皇が作り上げた平城京の仏教勢力から遠ざかろうとしたことがあったという話をしました。一方で新政権は新しい都に、旧来の仏教に代わる新しい仏教を必要としていました。

その新しい風をもたらしたのが、八〇四年に同じ遣唐使船で中国へ渡ったふたり――最澄と空海でした。

最澄は翌年、空海も二年後には帰国します。このふたり、唐へ渡るときの立場はまったく違いました。

対照的なふたり

少年時代に公的なルートで出家した最澄は、唐へ渡る前から高い地位にありました。桓武天皇の宮中で祈る十人の高僧（内供奉十禅師《ないぐぶじゅうぜんじ》）のひとりとされ、学識のある僧の短期留学（還学僧）という立場でしたので、一年で帰っても問題ありません。

ところが讃岐（香川県）出身の空海は、もともとは国の許可なく出家した野良の僧でした。三十歳を過ぎて留学僧として認められたものの、二十年かけて勉強する約束が、二年で帰ってきたのです。

そのため か入京の許可が下りずに三年近く九州に留め置かれ、その間に持ち帰った大量の経典を読みふけっています。

それにしても、たった一年か二年しか修行していないふたりが、なぜ「中国で仏教のありがたい教えをすべてマスターして帰ってきた」ような扱いになっているのでしょう。

なんとなく、明治期の帝大の先生方がヨーロッパに数年留学してきただけで、一生ご飯を食べられたのと似ていますね。

もちろん、彼らが一所懸命勉強したのはいうまでもありませんが、当時の日本には、まだ仏教の有り難い経典自体が少なかったのです。

天台教学や、当時最新の仏教スタイルであった密教、曼荼羅のような図像（芸術）などを、日本に持ち帰ってくるだけで、持てはやされるものが中国にはたくさんありました。

第四戒壇、延暦寺

両者の出自からいえば当然のことですが、帰国後の最澄は順調に出世します。

病に臥す桓武天皇を宮中で祈り、その後、八〇六年には持ち帰った天台教学をもとに、京都の東北に聳《そび》える比叡山で天台宗を開きました。

比叡山には、もともと最澄が唐に行く前に開いた小さい庵《いおり》がありました。そこを寺にして最澄は多くの弟子を育てました。最澄の死後、この寺が延暦寺へと発展します。

この比叡山に、最澄は仏教の中心地、奈良の大寺院群に対抗して、戒壇の設置を求めていました。

国家仏教だったこの時代、お坊さんが民間人を勝手に出家させることはできません。出家には国の許可が必要であり、戒壇というのは、正式に出家したお坊さんに戒律を与える、いわば卒業証書を授与する講堂のような場所でした。

戒壇は当時の日本には、三つしかありませんでした。

まず、奈良の東大寺。鑑真《がんじん》が作り、聖武天皇など四百人ほどの高位者に「お前は仏弟子やで」という証書を与えたといわれています。

他に太宰府の観世音寺と、「関東の守り」ということで下野（栃木県）の薬師寺にありました。

ちなみに道鏡《どうきょう》は失脚したのち下野薬師寺の別当（長官）に、それより以前に権勢をふるっていた玄昉《げんぼう》は失脚後には観世音寺の別当にされています。

いずれも仏教界の最高位にあった人たちですから、「戒壇のお守りとして送るんやで」という大義名分をつけて流したわけです。

新しい仏教を打ち出した最澄は、新しい戒壇を求めましたが、奈良仏教側からすれば、最澄の比叡山に新しい戒壇を認めれば既得権が侵されるため、両者は激しい政争を行いました。

結局、最澄の死の直後に比叡山に戒壇を作ることが嵯峨天皇に認められ、これで四戒壇となりました。

育てた弟子たちの活躍もあり、最澄の死後四十年以上たって、八六六年に最澄に日本初の大師号がおくられました（伝教大師）。

のしあがる空海

　では長期留学を二年で切り上げて帰ってきた空海の出世のきっかけはなんだったのでしょうか。

　平城《へいぜい》太上天皇の変が起きたとき、不安でいっぱいの嵯峨天皇の前に現れて、必勝の祈禱をしたことです。

　空海は唐好きの嵯峨天皇に唐から持ち帰ってきた知識や文化を提供することでも重宝されました。

　実は、最澄は空海を引き上げた恩人でした。最澄は天台教学だけでなく、密教や曼荼羅についても一通りは日本に伝えましたが、唐に一年しかいなかったために、持ち帰った仏典が少なかったんですね。

　天台教学は、由緒はあるけれど古い仏教体系でどちらかといえば斜陽の教えでした。そ

金剛峯寺：和歌山県高野町（時事通信フォト）

こへいくと密教は当時最先端の教学でした。

空海は二十年分の生活費を二年間にすべてつぎ込み、漢語に新訳されたばかりの『華厳経』や真言密教の最新経典などを、帰国までに集めに集めていました。

そのため最澄は空海に弟子入りしますが、「密教の奥義の注釈書を写させてほしい」との最澄の頼みを空海が断るなどして、八一三年ごろには両者はケンカ別れしてしまいます。

密教は非公開の実践を重視するものです。師が弟子に秘伝の極意を相対して教えるスタイルですから、結局のところ、密教についてスタンスの違う最澄と空海は考えが合わなかったんですね。

一方でこのスタイルを上手く活用して空海は皇族や貴族と密接につながったのです。

空海は「高野山をください」と嵯峨天皇に頼み込み、八一六年に金剛峯寺を開きます。

最澄も空海も、学問主体の奈良仏教と比べて積極的に山林修行に励んだのが特徴ですが、空海がもらった高野山は何もない場所です。

最澄は既に平安京の北の守りである比叡山を持っています。

「都の守りは北にある」というのが中国のルールですから、いちばんいいところはもう既に取られている。

それに対して空海は、都から離れた別の権威を作った方が有り難がられるだろうと考えたのですね。

また空海は、平安京内に二つしかない官立の寺院であった東寺の建設を請負い、密教の寺にしています。行くのがしんどい遠いところに本拠を据えつつも、京のど真ん中にも活動の拠点をもったわけです。

まさに政商ならぬ政僧（？）空海のセンスだと思います。

空海は出身の香川県の日本最大のため池である満濃池の改修を行ったことでも知られています。空海は唐で治水、土木技術も学んできたといわれていますが、このように大衆の目に判りやすく結果が見える事業をやって名を上げたのも、政治的です。

空海は八三五年に亡くなり、それからだいぶたった九二一年、醍醐天皇から「弘法大師」の諡号《しごう》がおくられています。

※

比叡山は最澄の死後、弟子の円仁や円珍らが唐で密教を学んで経典を持ち帰り、天台密教を盛んにしていきます。

当時の仏教は貴族階級と結びついたものでしたが、鎮護国家の仏教から、個人の利益にと視点が徐々に移っていきます。そして宗教家の眼差しは民衆の救済へと広がっていくことになるのです。

㉙「延喜・天暦の治」の舞台裏

これまで、醍醐天皇の時代（八九七〜九三〇）に菅原道真と藤原時平《ときひら》が活躍したこと、そして次の朱雀《すざく》天皇（九三〇〜九四六）、村上天皇の時代（九四六〜九六七）は、時平の弟、藤原忠平《ただひら》が関白となり、摂関政治の幕開けとなったことを話しました。

藤原忠平が権力を握っていた時代に、東の平将門《たいらのまさかど》、西の藤原純友《すみとも》が乱を起したのでしたね（九三九年〜九四一年）。この天慶の乱は律令制度の変質を地方から示したものでした。

この醍醐、村上天皇の時代のことを、歴史上とくに「延喜《えんぎ》・天暦《てんりやく》の治」と称することがあります。今では受験生以外はほとんどこの用語を口にする人はいませんが、昔はかなり重要な言葉でした。英明な天皇が、関白を置かず親政を敷いたと考えられていた時代だったからです。

「延喜・天暦の治」を理想視した最初期のものは、おそらく日本の漢文学（詩文）の最高峰の一つと言われる『本朝文粋』の九八〇（天元三）年正月二十三日の記述「右順、謹案延喜天暦二朝之故事、」云々《うんぬん》でしょう。

当初は文人たちによる修飾的な言葉であったようですが、摂政、関白が常設されるようになってくると、次第に重みをもって語られるようになります。

全盛期の藤原道長を、陰でチクチク批判していたナンバー2、藤原実資《さねすけ》の日記『小右記《しょうゆうき》』にも見えます。

つまり、醍醐、村上天皇の治世が終わって半世紀も経たないうちに、理想化が始まっていたわけですね。因みに天皇号は、史実では村上天皇を最後に使われなくなります。唐に示す必要がなくなったからでしょう。本書では分かりやすいので使い続けますが。

中世になると、『愚管抄』や『神皇正統記』に当たり前のように語られるようになりました。鎌倉幕府を倒して天皇親政を目指した後醍醐天皇は、醍醐天皇を理想として、自分の追号を「後醍醐」と自ら名づけています。

明治以降の皇国史観でも高く評価されてきたこの時代ですが、では、実際にはどういった時代だったのか。

その少し前、醍醐天皇の父、宇多《うだ》天皇の頃から見ていきましょう。

醍醐天皇と時平

八九七年、宇多天皇のあとに、醍醐天皇が十三歳で即位します。

宇多天皇は少しクセのあった人で、「寛平御遺誡《かんぴょうのごゆいかい》」という、次の社長（天皇）に引き継ぐための申し送りのような文書を残しています。

自分の部下について「こんなやつやで」という人物評価をした上で、醍醐天皇に道真と時平を重用すべしと指示したのですね。

ちなみにこの御遺誡には、「唐人に会ったけれど、直接対面はまずかったかな。天皇は御簾《みす》の内から会ったほうがええで」といったことまで率直に書いています。

日本は唐にならって中華思想に基づく外交政策をとっていましたから、日本を中心としてみれば、先進国、唐の人でも「蕃人《ばんじん》」対応になるはず、というわけです。

この「寛平御遺誡」以降、明治時代まで「天皇は外国人に会ったらあかん」という慣例が生き続けました。

さて御遺誡の指図どおり、八九九年には左大臣が藤原時平、右大臣が菅原道真というかたちで、醍醐天皇を支える体制ができます。

ところが九〇一年に「謀反《むほん》をはかった」として道真は大宰府に流されてしまいました（昌泰《しょうたい》の変）。

この辺りは皆さんがよくご存知の話で、「悪人の時平が讒言《ざんげん》して、清廉な学者あがりの道真を潰したんやな」と片付けられがちです。

しかし藤原時平の業績を見ると、彼はとても意欲ある政治家であったようです。

たとえば最初の荘園整理令（九〇二年）を出しています。税金逃れのために有力者の土地と称した「荘園」のなかで、違法なものを取り締まったんですね。一方で、確認できる最後の班田収授も行っています。

また、律令の細部を補完する法律（格式）の中で、全編残存している「延喜式」の作成を始めています。三大格式の中でも「弘仁式」や「貞観式」は一部しか残存していません。

六国史の最後となる歴史書『日本三代実録』や、『古今《こきん》和歌集』も時平の時代に編集が始まりました。

菅原道真は、藤原氏と距離を置く宇多天皇が重用した政治家です。醍醐天皇の時代になっても、道真は宇多太上天皇と親しくしていました。

そのため、宇多派とそれに反感を強める時平を中心とした醍醐派との対立があったと見られています。

昌泰の変でその対立に決着がつき、時平と組んだ醍醐天皇側が勝利したと見ることができるのです。

時平は九〇九年に若くして亡くなったので、関白になることはありませんでした。

その後、宇多派と見られ出世の遅れていた弟の忠平に政治の実権が移り、時平が残したプロジェクトを着実に実行していくのです。

岡山の菅原君

ところで、菅原道真は左遷後悲惨な生活を送り、非業《ひごう》の死を遂げたようなイメージがありますよね。

大宰府への護送には、厳しい制限が加えら

太宰府天満宮：福岡県太宰府市（時事通信フォト）

れたと史書にはあります。

僕の友人に岡山出身の菅原君という人がいます。その彼が言うには「うちは道真の子孫だ」と。「なぜ岡山に道真の子孫がいるんや」と尋ねると、彼は古い系図などを見せてくれました。彼の話によると道真は京都から大宰府までの移動中、岡山に五十数日滞在していたことになっている。

岡山の人からしたら「雲の上の偉い人同士の喧嘩で、片方が福岡に飛んだんやな」ぐらいの感覚でしょう。

そこで地元の豪族がこの高貴な男性に娘を娶らせて、菅原君のご先祖が誕生したというわけです。当時の日本は妻問婚《つまどいこん》で、妻の家で子どもを育てるのが普通でした。

本当かどうかはわからない話ですが、怨霊や天神様という道真像とは少し違う面白いエピソードですね。

村上天皇と忠平親子

さて醍醐天皇が九三〇年の清涼殿《せいりようでん》（天皇の居所）落雷に道真の怨霊かとショックを受けて退位（直後に病死）し、嫡子の朱雀天皇が八歳で即位することになります。

そのため、藤原忠平が摂政に就任し、天皇の成人後は関白として引き続き政治をサポートしました。

そして九四六年、朱雀天皇の弟である村上天皇が即位しますが、引き続き関白の職を続けた忠平はすでに老年で、三年後に死去します。

村上天皇が忠平の死後、関白をおかなかったことで、後に「天皇親政の鑑」となるわけです。しかし実態を見ると、藤原忠平の長男、実頼《さねより》と、次男の師輔《もろすけ》の兄弟が左大臣、右大臣となり、忠平親子で政治を牛耳っていました。

この当時、摂政、関白は常設されるものではなかったので、成人の天皇がある程度しっかりしていれば、関白は置かれませんでした。

ですが、現実の政治に目を転じると、藤原氏による権力の独占が完成し、政権運営が磐石になりつつある時代だったわけです。

後に実頼の家は小野宮《おののみや》流、師輔の家は九条《くじょう》流と、それぞれ朝廷の儀式や先例についての知識を受け継ぐ家元となります。

その源流となったのが、この「延喜・天暦の治」であり、後世に参照すべき時代として、評価されるようになったわけですね。

この村上天皇の時代、「一苦しき二」という言葉が言われました。長男・実頼が官職の上では上席でしたが、実態としては弟の師輔のほうが権勢を誇っていました。

その理由の一つに、摂関政治の力学の肝がありました。

㉚藤原氏のバトルロワイヤル

古代の藤原氏は、謀反《むほん》だ陰謀だと他の氏族を蹴落としきると、今度は身内の氏族内でも容赦なく叩きあうようになりました。

「勝った家だけが生き残る、俺の家系だけが栄えるんや」というファイティングスピリットに長《た》けた一族であったのでしょう。

この時代のルールは、娘を天皇に嫁がせて子どもをつくり、次の天皇にすることで、外祖父として政治の実権を握るというものでした。つまり、皇子が生まれるかどうか、かつ、自分が長生きできるかどうかという偶然に大きく左右されていたのです。

「一苦しき二」

村上天皇の治世に関白、藤原忠平《ただひら》が死去したとき、息子の実頼《さねより》と師輔《もろすけ》の兄弟は、左右の大臣になっていました。

師輔から「一苦しき二」という、おもしろい言葉が生まれています。

「一」とは実頼のことです。

席次では長男の実頼が上であるものの、お兄さんが苦しくなるほど、次男の師輔の方が、仕事もできて、かつ実力もあったんですね。

なぜかというと、師輔の娘に安子《あんし》がいました。この安子が村上天皇に即位前から嫁ぎ、三人の親王を産み、うち二人が天皇（冷泉《れいぜい》、円融）となっています。安子は中宮（皇后の別称）となりました。一方実頼の娘は村上天皇に嫁いだものの子宝に恵まれませんでした。

師輔は仕事ができただけではなく、大の女性好きで、醍醐天皇のお嬢さん（内親王）三人と関係して順番に妻としています。

師輔は『うつほ物語』の主人公のひとり、女性好きの貴族のモデルといわれていますが、当時の宮中で内親王を次々娶っていくのが許されたのは、男性としてもカリスマ的な魅力があったのでしょう。

外孫の天皇候補を三人も持ち、皇室ともつながりの深かった師輔ですが、女性好きが祟ったのか比較的早くに亡くなり（九六〇年）、彼が関白につくことはありませんでした。

安和の変

九六七年に村上天皇が死去したあとは、狂気のふるまいのあった冷泉天皇が立ちます。「二に苦しむ一」の人、実頼が関白太政大臣です。この実頼以降、摂関が常置されるようになりました。左大臣が源高明《たかあきら》、右大臣が藤原師尹《もろただ》。師尹は忠平の五男です。次男の師輔が五十三歳で死んだことで、繰り上がってきました。

この体制下の九六九年、師尹らが仕組んで安和《あんな》の変が起こります。源高明を「謀反をたくらんだ」として追い落としたのです。

醍醐天皇の皇子であった源高明は、村上天皇と安子の次男、為平親王に娘を嫁がせていました。つまり、為平親王が天皇になれば、高明が外戚《がいせき》になる可能性があったわけです。安和の変で源高明とともに娘婿の為平親王が追いやられた直後、その弟が円融天皇として即位することになりました。

円融天皇は即位時に十一歳でしたから、摂政に官人トップの実頼が就きましたが、この時代、大きな顔をしていたのは師輔の子ども、つまり天皇の母、安子の弟たちでした。

兼家五男、道長

実頼が死ぬと、師輔の長男、伊尹《これただ》が摂政になります。この伊尹も早く死に、伊尹の弟である兼通《かねみち》が関白になります。

この兼通と、三男の兼家《かねいえ》がまた以前から仲が悪かった。面白いエピソードがあります。

兼通が死にそうになったとき、兼家が家の前を通りかかります。

「さすがに見舞いに来てくれたか」と兼通は思ったのですが、なんと兼家は兄の家の前を通り過ぎ、「兼通が死んだら次は私に関白の位をください」と天皇に陳情に行ったのです。兼通は激怒して瀕死の床からはいあがり、いとこの藤原頼忠（実頼の子）に関白を譲りました。

隠忍自重を余儀なくされたかたちの兼家ですが、娘はたくさんいました。うち超子《ちょうし》は冷泉天皇に嫁ぎ三条天皇、詮子《せんし》は円融天皇と結ばれ、一条天皇になる皇子を産んでいます。

兼家の長兄、伊尹も懐子《かいし》を冷泉天皇に嫁がせ、花山天皇を産ませていますが、残念ながら伊尹は早く死んでしまいました。

九八四年に円融天皇は花山天皇に譲位しましたが、花山天皇には後ろだてがありません。

伊尹の息子たちは花山天皇を守りたてようとしますが、叔父の兼家は花山天皇を早く降ろして孫を天皇にしたいと思っていました。偶然にも、花山天皇が愛していた女性が身ごもったまま亡くなります。

そこに兼家の子道兼が「一緒に出家して、彼女の菩提を弔いましょう」と言って花山天皇に近づきました。

先に花山の髪を下ろし、「道兼、次はお前の番やで」と言われたところで、「そういえば、坊さんになると親父に言ってなかったので、一言挨拶してきます」とトンズラしてしまう。道兼は兼家のところへ戻り、「花山天皇を出家させました」「ようやった！」とい

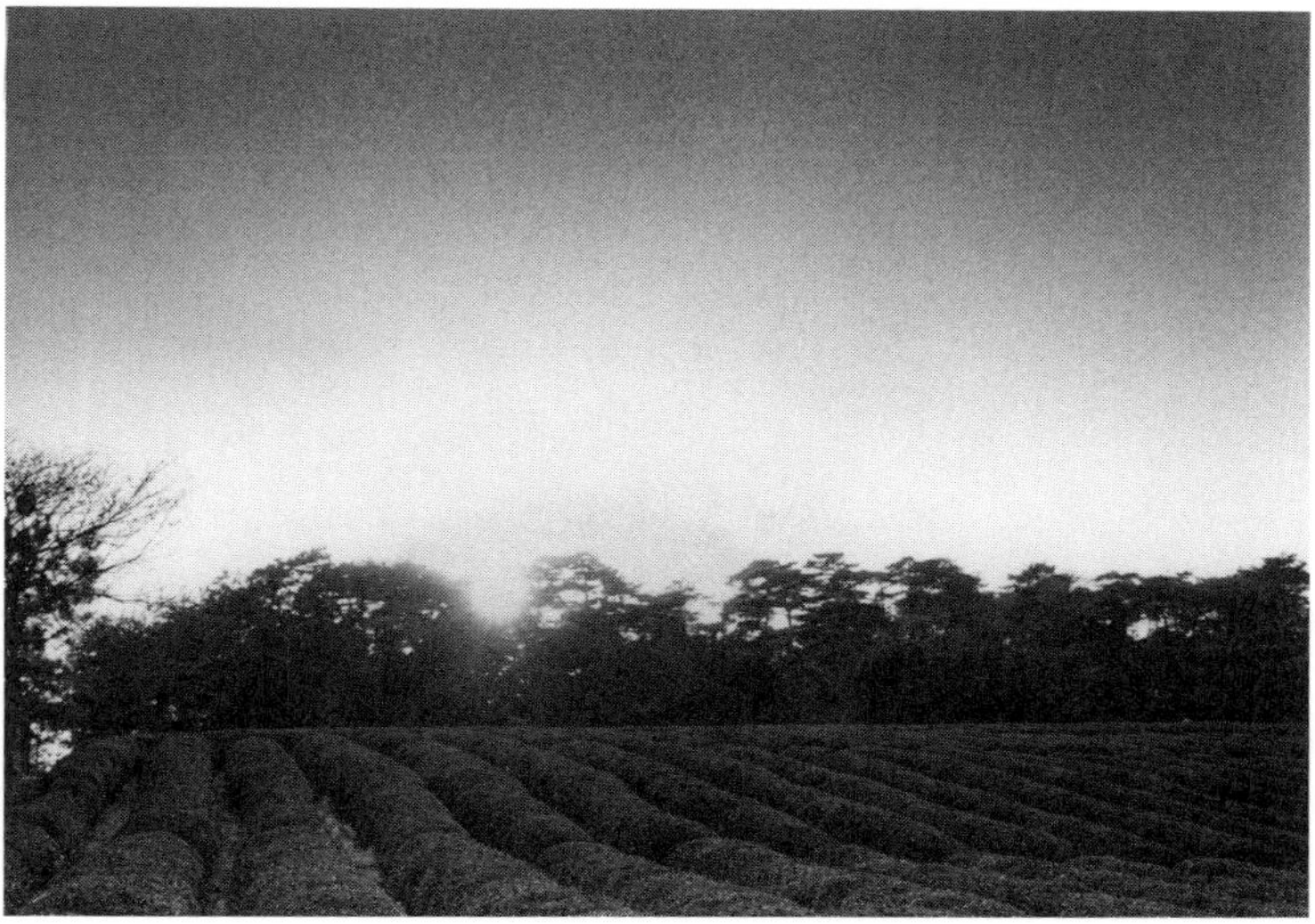

藤原氏の墓所、宇治陵：京都府宇治市

うことで、出家してしまった花山天皇は在位わずか二年で騙されたかたちで一条天皇に位を譲らされました（寛和《かんな》の変）。

このとき一条天皇はわずか七歳。頼忠は関白を辞任し、ついに兼家が摂政（後に関白）になります。兼家は四年で病に倒れ、次は自分の長男である道隆に関白を譲ります。道隆は、自分の娘、定子《ていし》を一条天皇に入れます。清少納言が仕えたお姫さまですね。一条天皇との仲も良好でした。

ところが、五年で道隆が死んでしまい、定子の運命は暗転します。次の関白には、道隆の弟であった道兼が就きました。

花山天皇を出家させた男ですね。しかし流行病で道兼も関白になってすぐ死に、「七日関白」と呼ばれることになります。

その結果、兼家の五男、藤原道長に権力のお鉢が回ってくることになるんですね。

一条天皇を産んだ皇太后詮子は、「国母専朝」と陰で批判されるほどの実力者で、後に初の女院として東三条院を称します。女院は太上天皇（院）に準じる存在でした。

道長の昇進には、この詮子の一条天皇への口添えが大きく影響したといわれています。兼家の娘である詮子は、弟の道長に目をかけていたんですね。それが道隆の息子、伊周《これちか》との出世レースで最終的に道長が勝利を収める結果につながりました。

そういうわけですから、二人ぐらい天皇（候補）を産むと、本人も父や兄弟など外戚の地位も、ものすごく強くなるのです。奈良時代と同様に平安時代も女性の力は強かったのですね。

朱雀《すざく》、村上天皇を産んだ藤原基経《もとつね》の娘、穏子《おんし》は、その後大きな発言力をもち、自分の兄弟である時平《ときひら》、忠平が実権を握る上で力強いバックとなりました。

師輔の娘、安子も、今回見てきたように冷泉、円融と二代にわたり天皇を出産していますね。安子自身は比較的早く亡くなりましたが、皇子が天皇となるなかで、師輔の家系が栄えていくのに大きな役割を果たしました。

基経から見れば、長男は時平です。そしてその権力を継いだ忠平（基経の四男）からすれば、長男は実頼でした。ですが権力は師輔（忠平次男）、その後も兼家（師輔三男）、道長（兼家五男）と移っていきます。権力の継承は、藤原家の長男かどうかではなく、天皇の外戚になれるかどうか、そしてある程度長生きできるかどうかが肝だったわけです（巻末の藤原氏系図2参照）。

唐から輸入した律令国家の看板を掲げつつ、天皇家との縁戚関係を軸にして権力が変遷する日本の政治。それに対してこの頃の中国では、どうだったのでしょうか。

第7章

日中交流が育んだ平安文化

㉛ 宋の建国

ひとたびは日本を脅かした大唐世界帝国ですが、七五五年の安史《あんし》の乱ののちは国力を衰微させていきました。財政改革（七八〇年の両税法施行）で持ち直しますが、最終的には各地の軍事司令官（節度使）の群雄割拠《ぐんゆうかっきょ》をコントロールしきれず九〇七年に滅びます。

その後中国では半世紀に渡って幾つもの王朝が建国され、国土統一を目指しましたが（五代十国時代）、九七九年に統一を成し遂げたのが、九六〇年に建国された宋でした。

この宋の時代、中国は大きな歴史的変革期を迎えます。

この時代は地球規模で温暖化が生じ、世界的に交易が盛んになった時期にあたりました。経済活動が盛んになったことで、様々な文化が花開きます。今日の中国の社会、文化のほとんどがこの時代を源流としているといっても過言ではありません。政治・軍事革命、農業革命、飲茶・火力革命、海運革命、仏教革命、三大技術革命、都市文化革命などが一挙に興ったのです。これを唐宋革命と呼んでいます。

ここでは主に政治革命について見てみたいと思います。

皇帝による直接選抜

唐の英傑武則天《ぶそくてん》が、科挙（国家公務員上級試験）を活用することで優秀なスタッフを手許にそろえたエピソードを紹介しましたね。

武則天の時代は、科挙に参加できたのはまだ一握りの人々であり、貴族と高級官僚の座を分け合う状況でしたが、宋の時代になると科挙制度が全国に広がり、ほぼすべての高級官僚が科挙によって選ばれるようになります。

宋の科挙で、有名な最終試験が、「殿試《でんし》」です。「殿試」とは、難関の筆記試験に通った人たちを、最後に皇帝が直接面接し出問して、「お前が一番」「二番」「三番」と決める制度です。

数千倍ともいわれるとんでもない倍率の試験をくぐり抜けて、皇帝に直接採用された優秀な人たちですから、皇帝と強い紐帯《ちゅうたい》で結ばれ、めちゃ仕事をするわけです。

やがて彼らは、「士大夫《したいふ》」という超エリート階級を形成するようになり、中国の政治と文化に大きな影響を与えました。

僕がよく人に薦めている本のひとつに『宋名臣言行録』があります。この本は宋の官僚たちが、皇帝にどのように仕えたのかというエピソード集で、様々な人間模様が描かれていてとても勉強になります。『貞観政要』と並ぶリーダーシップ養成の名著でしょう。

こうした皇帝の親衛隊的な高級官僚集団が出現したことで、貴族や外戚《がいせき》といった人たちは政治の中枢から排除されていくことになりました。

ではなぜ中国では、宋代に科挙が完成したのでしょうか。

全国で公務員試験をやるとなると、参考書が必要になりますね。

科挙が全国規模で実施できたということは、活版印刷と製紙技術が全国に普及し、どこでも参考書が手に入ることが大前提になります。

その頃の日本には紙を大量につくる技術も活版印刷の技術もありませんでした。試験を実施する役所もない。

奈良時代には称徳天皇が百万塔陀羅尼《だらに》（世界最古の現存印刷物）を作っています。国家の一大プロジェクトとして六年をかけ、必死で背伸びをして作ったものでした。しかしその後印刷技術は発展しませんでした。

宋の時代は、新田開発が進み、農業の技術も発展しました。国土が統一され産業や交易も盛んになったことで、中国の人口は漢や唐の盛時の五千万人程度から一億人近くまで達します。ちなみにその頃の日本は九五〇年で六百四十四万人、一一五〇年で六百八十四万人と推計されています（『経済成長の日本史』）。

宋で近代的な官僚システムが完成したころ、日本では「天皇に娘を嫁がせ、皇子を産んでもらう」と藤原氏同士で競いあい、道長がそのシステムの覇者となっていたのです。

道長と頼通

九九五年、藤原兼家の五男だった道長は、立て続けに兄たちが亡くなったことで、タナボタ的に一条天皇の「内覧」（摂政、関白に準じる役職）となります。

道長は父と同じく、娘に恵まれ、次々と代々の天皇に嫁がせます。

紫式部が仕えた道長の娘の彰子《しょうし》は一条天皇に嫁ぎ二人（後一条、後朱雀《ごすざく》）、嬉子《きし》は後朱雀天皇との間に一人（後冷泉《ごれいぜい》）の皇子を産みます。

その結果、後一条天皇が一〇一六年、九歳で即位してから、後冷泉天皇が一〇六八年に亡くなるまで、三代、約半世紀に渡って、道長の家系が外祖父の地位を占め続けることになります。

道長自身は一〇二七年に死去しますが、その十年前には長男、頼通《よりみち》に後を継がせ、彼を摂政（後に関白）にしていました。

これまでの藤原氏の兄弟入り乱れての大混戦を避けて、磐石な状態のまま、息子に権力を譲渡したわけですね。

しかし父と違い頼通はついに皇子に恵まれないまま、一〇六八年には藤原氏を外戚としない後三条天皇が即位することになりまし

17世紀に描かれた北宋第四代皇帝・仁宗による殿試の様子（Bridgeman Images ／時事通信フォト）

た。

このことで摂関家（道長、頼通の家系）と天皇家との関係に隙間が生じることになり、新しい時代が始まります。

この間、律令国家から王朝国家へと変じていくなかで、日本では官人の職掌も代々世襲されていくようになっていきました。摂政、関白の地位ですら、道長、頼通の家系に世襲されるようになります。

それにしても、中国がはるかに先進国だったとはいえ、儒教があり祖先崇拝があって、「親や年長者を敬いなさい」という教えが強かった中国で外戚がもっと幅を利かせてもよかったような印象もありますね。なぜ官僚制度が中国ではかくまでに発達したのでしょう。

中国政治の本質は法家

実は中国の政治思想の根幹は、一貫して法家だったのです。

国家を文書に記された法によって統治するという法家の思想は、紀元前五世紀から始まる戦国時代、宋の時代から振り返っても千五百年ぐらい前に既に生まれていました。

各国の競争が激しくなるなかで、大国（戦国七雄）が生まれ、中国では文書行政が発達したのです。法家の思想家、秦の商鞅《しょうおう》はその思想をもって、秦を最強国に変貌させ、のちに始皇帝による中国統一につなげます。

とはいえ法家は「法律できちんと国を治めるんや」という話ですから、面白くも何ともありません。

そこで統治の建前として一般の民衆向けには儒家の「両親（皇帝）を敬い孝行（忠誠）を尽くしなさい」、「お葬式はきちんとするんですよ」という教えを持ってきた。

逆に知識層のインテリたちはそういった教えに対して斜《はす》に構えていますから、「鵬《おおとり》に乗って大空を飛ぶ。精神の高みが大切だ」などといった考えで遊んでもらいます。老荘思想、タオイズムです。

中国社会が安定していたのは、法家、儒家、老荘思想の組み合わせが絶妙だったからだと思います。

この統治スタイルは、現代でも続いていると思います。今の中国は建前の部分が儒教から共産主義に変わっただけで、実態はエリート官僚が治める超中央集権国家ですよね。

中国はとても広い国だというのに、時間は北京標準時ひとつしかありません。対してアメリカは本土だけでも四つあります。

この比較だけでも、中国がいかに中央集権的かがわかりますね。

このような大衆向けの儒教と、知識層向けの老荘思想の住み分けと同様のことが、実は唐末の時代に中国で広がった浄土教（浄土信仰）と禅宗との間にもいえるのです。次回はその中国仏教を輸入してきた平安仏教の話を交えながら、語ってみましょう。

㉜ 末法の世に流行る浄土信仰

藤原道長が「我が世の春」を謳歌していた十一世紀初めの日本。一方、大衆仏教の世界では「世も末や」という意識が広がっていました。

いわゆる末法思想です。

その末法思想とともに、日本で大流行したのが、中国から伝来した浄土信仰でした。

国家仏教から民衆の仏教へ

ところで、前回、中国では政治の中枢は法家思想で動いているという話をしました。一方、統治される大衆には人生訓めいた儒教、斜《はす》に構えたインテリには老荘思想というバランスで社会は安定していました。

実はこの仕組みは、中国仏教の広がりにも当てはまります。

中国の仏教は、はじめ国家仏教として受容されました。皇帝は仏であり、官僚や軍人は菩薩、人民は救いを求める衆生、仏の力で国を守ってもらう、という考え方ですね。五世紀の北魏の時代につくられた雲崗《うんこう》の石窟の仏は、皇帝の似姿でした。

流行っている宗教には、どこの国でもお金が集まってくるものです。

皇帝から庶民から土地やお金が寄進される一方で、税金は免除されています。またお坊さんは国家に祈りを捧げる公務員ですから、税を免除されている人々です。

ですから、国の財政が厳しくなってくると、政府がお寺の財産に目をつけるようになります。

中国では「三武一宗の法難」と呼ばれる四度の大きな仏教弾圧（廃仏）事件が起こりました。覚えなくてもいいことですが、一応上げておきますと、太武帝（北魏）、武帝（北周）、武宗（唐）、世宗（後周）の四人の皇帝の時代です。

難癖をつけて、お寺の仏像や仏具などを含め、様々な形で蓄えられた金銀財宝を、国家が接収するわけです。加えてお坊さんも強制的に還俗《げんぞく》させて、税金を納めさせました。

弾圧を繰り返し受けていると、中国の仏教界も「国家仏教はハイリスク、ハイリターンやな。

守ってもらえるけれど、いざという時はボコボコにされるで」と考えます。

太い根が一本ある大木より、細い根をいっぱい張っている大木の方が倒れにくい。皇帝から百億円貰うより、大衆から一人百円、一億人分集めたほうがいいというわけです。

しかし大衆は経典が読めませんし、難しい話は判りませんから、仏教の何が素晴らしいかがなかなか伝わらない。

そこでお坊さんたちは一般大衆向けに、アジビラを配り始めました。

仏教教団は、唐代に普及しはじめた木版印刷を積極的に活用しました。なかでも浄土教は、大衆にとって、判り易いものでした。

例えば、阿弥陀さまの絵札を、「これを拝んで南無阿弥陀仏と唱えれば、極楽浄土へ行けるで」と渡したんですね。

一方、インテリは「南無阿弥陀仏と唱えれば救われる？　アホか」と思います。だから、インテリ向けに禅宗が発達したのです。

庭石を指して「この石は何だ」などと問う、一見深遠な真理がありそうな話にインテリは弱いのです。

大衆向けの浄土教とインテリ向けの禅宗は、唐の時代に教義が発展し、次の宋の時代には人々の間に広く浸透することになります。

このうち先ず浄土教が、平安時代に入宋した巡礼僧などを通じて伝来し、日本でも流行し始めました。

最新の流行思想を輸入

八九四年に菅原道真の建議で遣唐使が停止されたことで、日本と唐（中国）との交流が途絶えたと思っている人がいるかもしれません。

しかし、実際には公式の大使を送らなくなっただけで、国交が断絶したわけではありません。唐の中央政府のコントロールが効かなくなった安史《あんし》の乱以降、日中間の交流は私貿易や巡礼などで、むしろ拡大していったと現代では考えられています。国境に役人がいない方が交易はやりやすいのです。

以前、最澄と空海の話をしました。彼らの時代、遣唐使の一員として海を渡るからには、教学や経典を勉強して持ち帰ることが国家から託された使命でした。

九〇七年に唐が滅び、遣唐使のような国家使節が送られなくなると、今度は、聖地や聖域への参詣を目的として、商人の船に便乗した僧侶の渡航が行なわれるようになります。

現代風にいえば、「私費留学でもハーバードで聴講すれば、キャリアアップや」と考えるお坊さんが出て来たわけですね。

あるいはファッションデザイナーがパリに行って流行を持って帰ってくるのと似ているかもしれません。

そして、巡礼の途上で日本にはない新しい仏教のアジビラを見て、呟くわけです。「なるほど、浄土教が最新の流行やな」と。

浄土教が日本にもたらされると、「念仏」を唱えるのは舶来最先端の教えですから、当初は知識階級から広がっていきました。

この「来世は極楽や」という教えは「この世はもう末や」という現状認識（末法思想）

平等院の阿弥陀如来像（2003年にお色直しされる前のもの）：京都府宇治市

と深い関係がありました。

末法思想の広がり

末法思想は、釈迦が死んだ後、三つの時代が続くという考えに基づいています。釈迦の死後、最初の千年間（五百年とも）は、「正法《しょうぼう》」の時代といわれます。釈迦の教えが正しく行き渡る時代ですね。

次の千年が「像法《ぞうぼう》」の時代、「像」とは「真似る」こと。教えを十分に理解はできないけれど、とりあえずお釈迦さまの修行の真似を一所懸命する時代です。

そして「末法」は、正しい教えが忘れ去られてしまった、この世の終わりの時代が一万年続くというのです。

キリスト教の終末論にも似た考え方ですが、その末法が、この時代についにやってきたというのです。

そういう視点でみると、九三九年の平将門《たいらのまさかど》の乱を皮切りに、一〇二八年には平忠常《たいらのただつね》の乱（これも房総での受領《ずりょう》との対立です）が、一〇五一年には前九年合戦などの内乱が起こり、律令体制は崩壊に向って進んでいました。

この時代の人々はさぞかし不安に思ったことでしょう。

そんな不安のなかで、「来世往生」を願う浄土教が急激に広がります。

京の街なかでは空也上人が「南無阿弥陀仏」を唱えて、人々に念仏を薦めました。

一方で往生を遂げた人のエピソード集『日本往生極楽記』（慶滋保胤《よししげのやすたね》）や、どうやったら往生できるのかという、仏典の重要部分を抜き出した、『往生要集』（源信）なども編まれ、仏教界だけではなく貴族たちにも広く愛読されました。

源信と交流のあった道長も晩年には出家して、大伽藍を擁する法成寺《ほうじょうじ》をつくって念仏を唱え、臨終に備える日々を送ります。道長の息子の頼通《よりみち》は、別荘を改築して平等院鳳凰堂を建立《こんりゅう》。中央には阿弥陀如来像を安置しています。

この時代は、貴族や皇族が、このように様々に寄進をして功徳《くどく》を積もうとしていたのですね。極楽往生のために、浄土や阿弥陀如来の姿を心のなかに思い描いて祈るということから、この時代の仏教美術（阿弥陀如来来迎図《らいごうず》など）が発達しました。

かつて「遣唐使が廃止され、国風文化が華開いた時代」と教わった平安時代ですが、実はこの浄土信仰が示すように、先進国中国での流行が日本でも大きな関心をもたれていたことがわかりますね。

※

国風文化といっても、まだまだ先進国から舶来した「唐物《からもの》」は、珍重の対象だったのです。次回詳しく見ていきましょう。

㉝ 唐物　珍重される輸入品

昔は、平安中期というと「唐（中国）と国交が途絶え、日本的な感覚に基づく国風文化が栄えた時代」だと教えられていました。

現代の歴史研究によると、この理解にはかなり問題があるようです。

十世紀の大陸の政治変動

というのは平安中期においても唐（大陸）との交流は頻繁であり、また国風文化も唐からの影響が途絶え孤立して発展したわけではなかったからです。

「八九四年に菅原道真が遣唐使を廃止した」と一部の教科書にはまだ書かれているようです。しかし最新の研究を取り入れた教科書では、「停止」という言い方をするようになってきています。

遣唐大使に任命された菅原道真が、その再検討を建議し議論しているうちに、道真自身が失脚してしまい、派遣自体がウヤムヤになってしまいました。

そうこうしているうちに唐が滅んでしまいます（九〇七年）。

中国ではこのあと短命の王朝が次々と興亡をくりかえす五代十国時代に入り、再び長期政権となるのは九七九年の宋による全国統一を待たねばなりませんでした。

唐の滅亡よりすこし早く、朝鮮半島では八九〇年ごろに新羅《しらぎ》が分裂して、新羅、後百済《くだら》、後高句麗の「後三国時代」になります。

そういえば新羅が半島を統一する前は高句麗、新羅、百済の「三国時代」でしたね。それぞれに地域の名前を受け継いだわけです。

うち後高句麗は、クーデターが起こり高麗と看板を付け替え、九三五年には新羅が高麗に降伏、九三六年に高麗の手によって後百済も滅び、朝鮮半島は再統一されます。

日本海の対岸に位置し、日本とお互いに使節をやりとりして国交のあったもう一つの国・渤海《ぼっかい》も、九二六年には隣国のキタイ（契丹《きったん》・遼）によって滅ぼされてしまいます。

こうした状況下、日本も海外の情報を必死に集めていました。

そしてこの時代には、遣唐使など国の使節を派遣しなくとも、情報を集められるだけの民間交流が盛んになっていたのです。

それを担ったのは海をまたいで活躍する商人（海商）たちでした。

海商による交流

みなさんも、最近アメリカから帰ってきた知り合いがいたら「実際のところ、トランプはどうなんや？」などと聞くでしょう。

博多などの港には大陸や半島から多くの海商たちが来ていました。

こういった場所で大宰府などの役人が情報を聞き取っていたのは想像に難くありません。なかには京都まで上る海商たちもいました。

以前紹介しましたが、宇多《うだ》天皇が遺した「寛平御遺戒《かんぴょうのごゆいかい》」に、「唐人に直接会ったのはまずかったな。天皇は御簾《みす》ごしに会うべきだ」という内容がありましたね。

この一文から、中国の海商が、当時都の天皇の近くにまで来ていたことがわかります。

また前回お話ししたように、中国へ渡りたい僧たちがこういった海商の船を利用して海を渡るようになっていました。

東大寺の奝然《ちょうねん》は、九八三年、中国を統一してまもない宋にはじめて入ったお坊さんとして知られています。この渡航には、日本の朝廷の有力者たちが数多く支援に関わっていました。

奝然は宋の太宗に会い、その保護を受けて中国各地の聖地を巡礼しています。太宗は奝然に、日本はどんな国かを尋ね、日本に国として遣いを寄越すよう促しました。

奝然は日本に、いまに伝わる清凉寺（京都市嵯峨）の釈迦如来像や木版印刷のお経などを持ち帰りますが、帰国する際に乗ったのは宋から日本への商船です。

この時代には、海商たちに託すかたちで、近隣諸国との国書のやりとりも行なわれていました。安史《あんし》の乱以降も日中の交流は海商を仲介に続いていた、むしろ拡大していたというのが現代の理解です。

日本の輸出品は硫黄

今でも「これ、アップルがだした最新のスマホなんやで」といえば「すごいな」といわれますね。

平安時代の貴族の日記を見ると、中国から来た唐物《からもの》（船来品）について「こんな立派なものがあるのかと驚いた」といった記述がたくさんあります。

余談ですが「唐物」といっても唐代にかぎりません。その後、宋、元、明の時代の品でも、中国から来たもの、あるいは西洋から来たものは「唐物」と呼ばれました。

この頃の「唐物」で、代表的なものといえば、陶磁器でしょう。

宋の時代になると、中国の陶磁器産業は飛躍的に発展します。

現在でも最高級磁器の産地として知られる「景徳鎮《けいとくちん》」の名称はこの宋の時代に生まれたものです。

それから、宋の時代に発達した木版印刷による美しい書物も輸入の対象でした。

仏典に限らず史書や詩集など多くの書物が

日宋往来船の絵（高山寺蔵）

輸入されています。

たとえば、唐の官僚で詩人でもあった白居易《はくきょい》（白楽天）の詩文集『白氏文集』が、菅原道真をはじめとしてこの時代の日本ではよく愛読されていました。

白居易は一流の知識人でありながら、誰にでもわかりやすい言葉で詩をつづり、当時において広く愛された詩人でした。

『枕草子』に「香爐峰《こうろほう》の雪」というエピソードがありますね。

清少納言が仕える皇后定子が、彼女に「雪がえらく降るけれど、香爐峰の雪はどうやろう」と問うと、清少納言は御簾を高く上げてみせ、定子が「よくわかってるね」と喜んだ、という話です。

この下敷きになっているのが、白居易の詩の一節、「（布団から起きるのも億劫なので）香爐峰雪撥簾看（香爐峰の雪は簾をかかげて看る）」です。

このような逸話が生まれるほど、ひろく読まれていたわけですね。

他に薬や香料、絹織物、紙なども大変に人気のあった「唐物」でした。

では、日本は何をバーターに唐物と取引していたのでしょうか。

砂金、そして硫黄《いおう》です。

この時代、中国はすでに火薬を発明し、軍事にも利用していましたが、中国（宋）の領内では原料の硫黄があまり産出しませんでした。

そのため、宋は硫黄を周辺各国から買い付けていました。

日本では、硫黄は阿蘇山や薩摩の硫黄島などからいくらでも採れました。

先ほどの東大寺の奝然も、太宗に日本の硫黄を献上しています。

後の時代になると、石見銀山などから産出した銀を輸出するようになります。

※

遣唐使など国レベルで外交官と国費留学生とをセットで送り込むことはなくなったものの、その代わりに海商の行き来が頻繁に行なわれていたのです。

日本は、当初、民間貿易を国家の管理下におこうとしましたが、「唐物」の魅力は大きく、次第に統制は緩くなっていきます。

そして勉強したい人は私費留学生として商船で中国へ渡りました。

当時の日本のインテリが吸収すべき知識とは、中国の最新事情であり、大陸文化から日本文化への影響は想像以上に大きかったのです。

次回は、そういった土壌から、『枕草子』や紫式部の『源氏物語』などが生まれてきたことをじっくり話しましょう。

㉞ 後宮の情報戦と王朝文学

奈良時代と比べると、平安時代には女帝が立つことがなくなり、皇后や母后（国母）の政治的な地位は一見低下したように見えます。

まして、藤原氏が天皇に娘を嫁がせ男の子を産ませて……という権力闘争の基本戦略を聞くと、女性を道具にしていた一面が浮き彫りになります。

ですが、別の面を見ると、女性たちはこの時代においてもおおいに活躍していました。

後宮に集まる情報

以前話したとおり、藤原道長が五男の身でありながら、一条天皇の内覧（摂政、関白に準じる役職）に就任できたのは、姉の詮子が息子の一条天皇に口添えしたからだ、といわれています。

また道長の息子、藤原頼通《よりみち》は半世紀近く関白を務め絶大な権力を握っていました。しかし彼が関白をその息子の師実《もろざね》に譲ろうとした際には、ふたりの天皇の母となっていた道長の娘、上東門院・彰子が介入し、頼通の弟の教通へと譲らせています。

天皇のキサキになり、子どもが天皇になれば、当然のことながら母の力も強くなるのです。

平安時代も中期以降になると、天皇にキサキを入れる家は、かつての蘇我氏のように藤原氏や皇族に限られるようになりましたが、こういったおキサキ方のご機嫌伺いに行くのも貴族の大切な仕事のひとつでした。

ちなみに、平安時代に入ると、天皇のキサキの細かいランクは失われ、正室である皇后（中宮）以外は、身分の高い家出身の女性は「女御《にょうご》」、低い家の女性は「更衣《こうい》」と称されるようになります。『源氏物語』のヒロイン、桐壺は更衣でしたね。

この天皇のおキサキ方には、多くの女官が仕えていました。

貴族が挨拶に伺えば、キサキのまわりには若い女官が並んでいるわけですから、貴族は女官たちに目配せをしたり、恋文を渡したりして、恋人関係になります。

こういった関係から、貴族の情報が後宮に集まるのです。

「彼氏の何々くんが、こんなことを言っていましたよ」と。

狭い内裏で女官群を抱えているキサキの力が強くなるのも当然です。

情報の力は、けっこう強いのです。

たとえばローマ教皇の力の源泉には、お金と教皇領という領土の他に、情報がありました。

ローマ教会は「悪いことをしたら近くの教会で懺悔《ざんげ》するんやで」という制度を作っていました。

するとどうなるか。どの村でもみな教会に来て懺悔します。

「お殿様からおいしいご飯を食べさせると誘われ、ついつい身をゆだねてしまいました」

そういう情報は、それ単体ではたいした意味を持ちません。

しかしヨーロッパ各地の教会から、ピラミッド上部のローマ教会に全ての情報が吸い上げられていくことで、人々に影響を与える力が生まれてくるのです。

それは立花隆さんの『田中角栄研究』と同じです。

バラバラの情報を上手に集めて、「これはえらい悪いことやで」と明らかにしたことで、大きなインパクトを世間に与えました。これがローマ教皇の力であり、平安時代のキサキの力でした。

そしてこういった力を生み出したのが、教養豊かな女房（女官）たちだったのです。

花開く王朝文学

この時代の天皇は幼少で即位しました。摂関家にとって都合が良かったからです。

たとえば一条天皇は数え年七歳にして天皇に即位しています。数えで七歳ということは、満六歳です。

「ガールフレンドがたくさんいたらいいな」という壮年の男性ではありません。ですから自然と後宮に足が向くわけではないのです。

子どもから大人になる時期の、まだ幼い天皇を遊びに来させるためには、気の利いた女房がいて「あそこに行くと面白い」と思わせることが大切でした。

子作りする前に、後宮で長時間過ごしてもらう必要がありました。

それゆえにときの権力者は、自分の娘であるキサキのため、珍しい舶来の「唐物《からもの》」を集めたり、才覚のある女性を集めたりしたのです。

清少納言や紫式部は、めちゃ賢い人たちですよね。当時の教養人の嗜みであった漢文学に親しみ、史書や漢詩を読みこなし、機知に富み、人を見る目もしっかりしている。

日本の三大随筆は『方丈記』『徒然草』『枕草子』といわれています。でも『方丈記』も『徒然草』もなんだか暗い。僕は明るい『枕草子』が一番好きです。

『源氏物語』レベルの長編小説は、日本史上、ほとんど例がありません。

摂関政治の完成期には文化が爛熟し、日本文学はここで一度ピークを迎えたのだと僕は考えています。

この時代の文学については研究もさかんで、面白い本がたくさんあります。

たとえば荒木浩さんの『かくして「源氏物語」が誕生する』は、玄宗・楊貴妃との関係から筆を起こし、清盛との関係に至るまで実に広範に物語の世界をとらえています。また、小池清治さんによる『「源氏物語」と「枕草子」』は、権力者、藤原道長に対して、紫式部と清少納言がそれぞれに一矢報いたも

紫式部日記絵巻（Bridgeman Images ／時事通信フォト）

のであると読み解くミステリー風のもので、記憶に残っています。

そしてこのような平安時代の「王朝文学」は、仮名の発明と密接に関わっていました。

仮名文字の誕生

奈良時代、万葉集が編まれたころは、日本語は漢字の音に当てて表現するしか方法がありませんでした。

日本語に当てる漢字がある程度世の中で固まってくると、今度はその漢字を崩して書きやすくする流れが生じてきます。平仮名は、草書体の漢字を崩して書いているうちに生まれた字です。たとえば安全の「安」を、草書体をベースにくずして書いているうちに「あ」が生まれた話は有名ですね。

片仮名は、漢字の一部を採って作ったものです。たとえば伊勢の「伊」から「イ」ができたと。これは偏の部分を採ったのですね。

平仮名は、つい先年、藤原良相《よしみ》邸を発掘した際に出てきた土器に墨で書いてあったものが、最古の例とされています。右大臣、藤原良相（八一三〜八六七）は、兄の太政大臣、良房《よしふさ》と袂《たもと》をわかち、「応天門の変」で伴《とも》氏側に立って政治的影響力を失った男でしたね。

このことから、九世紀には平仮名は完成していたとみられています。政治的には不遇であった良相や長屋王の邸宅跡から大発見が続出するのも歴史の面白さです。

平仮名は普通の人が日常的な意思表示をするために普及したものではないかと考えられています。

一方、片仮名もほぼ同時期に成立したと考えられていますが、片仮名を誰が使い始めたかといえば、お坊さんです。お坊さんが漢文を読み下す時にしるしをつけたことがはじまりといわれています。つまり片仮名はインテリが使ったものでした。

このように仮名文字ができ、普及して初めて、平安の王朝文学が現れる土壌が生まれたのです。平安文学でもっとも早いのが『竹取物語』で、九世紀の後半に成立したといわれています。その頃には、かなりの層が平仮名の読み書きができたということですね。

※

さて、日本語をそのまま記す「仮名」が誕生しましたが、この呼称自体が「真名《まな》（正しい字）」は漢字であるという関係を浮き彫りにしています。貴族たちは漢文によって日記を書き記していました。

㉟ 日記は貴族の財産

此世をば我世とぞ思ふ望月の欠けたる事も無しと思へば

一〇一八年十月十六日、三人の娘たちをそれぞれ天皇の皇后として嫁がせた藤原道長は、宴会の最中にこの歌を詠みました。当時のナンバー2、藤原実資《さねすけ》の日記『小右記《しょうゆうき》』にその記録が残されています。

実資は、藤原忠平《ただひら》の長男、実頼《さねより》の孫（養子）で、小野宮《おののみや》流の継承者でした。その後九十歳まで長生きし、右大臣にまで出世しました。

小野宮の右大臣の日記ということで、現代では『小右記』と呼ばれています。以前にも見てきましたが、藤原氏の摂関家の権勢は、忠平の次男、師輔《もろすけ》の家（九条《くじょう》流）へと移り、その後継者が道長でした。

『小右記』のほかの箇所では、時の権力者道長の数々の〈横暴〉に腹を立ててみせる実資ですが、表向きは道長と協調しており、このときも、「さすが道長様、すばらしい歌やから、みなで吟じましょう」とヨイショして宴に参加していた貴族たちに合唱を促していたのでした。

前回は、平仮名の発明と普及によって、清少納言の『枕草子』や紫式部の『源氏物語』など、後宮に勤める才能ある女性たちによる王朝文学が花開いた様子を見てきましたね。

一方で、貴族の男達は一所懸命、小右記のような記録を、「真名《まな》」である漢字で記していました。当時の日記は、その家の大きな財産でもあったのです。

官職の「家業」化

同時代の中国では、唐が滅んだ戦乱のなかで、貴族たちが完全に没落し、その後全国統一を果たした宋は、科挙（上級公務員試験）による高級官僚の任用を推し進めました。試験の競争率は数千倍ともいわれ、最終試験（殿試《でんし》）では皇帝自ら出題し、そこから選ばれた役人たちは大変なプライドをもって皇帝に仕えることになります。

宋の時代、商工業の発展と印刷技術の普及によって参考書が行き渡り、科挙に挑戦する人々の層は以前に比べて格段に厚くなっていました。

しかし日本は、国力が低く科挙のような試験を行うことは物理的にも不可能だったので中国のような能力主義が徹底することはありませんでした。

もともとの古代の豪族たちの連合政権に、中国の制度にならった律令制という外見を与えたものに過ぎなかったからです。

生まれの良い貴族の息子たちには、最初からキャリアのファストパスが与えられていて、あっという間に昇進を重ねていきます。

それでも奈良時代には吉備真備《きびのまきび》など、留学帰りの学識豊かな人材が抜擢されることがありました。

平安時代の初期にも、大伴氏や橘《たちばな》氏など、藤原氏以外の貴族が高級幹部に出世することがありましたが、藤原氏に巧みに排除されていき、やがて藤原氏が高級幹部職を独占してしまうようになります。

そうすると次第に官僚を輩出するそれぞれの家が、自分の仕事を既得権益化させて、子孫にも代々同じ仕事につかせ、家業として継承するようになっていくんですね。

たとえば菅原道真を出した菅原家は、儒学（孔子の教え）の家として政府に仕えるようになりました。

また陰陽師で知られる安倍晴明は、実在の人物で道長の時代に活躍しましたが、のち安倍家は代々陰陽道を家業とするようになります。

こうした世襲化の波は、最終的には藤原道長直系の家に、摂政、関白の地位が「摂関家」として固定化するところまで行き着きます。

多くの貴族がその家の「家格」によって、つける仕事や出世のコースが決まるようになっていきました。

そしてその家の立場をキープするための努力のひとつが、日記、「家の活動の記録」だったのです。

先例の記録

先にお話しした藤原実資の『小右記』だけではなく、藤原道長本人の日記も伝わっています。

こちらは『御堂《みどう》関白記』として、自筆本が残っています。二〇一三年にはユネスコ世界記憶遺産に登録されましたので、そのニュースを覚えている人も多いと思います。

また当時の記録としては、道長の側近であった藤原行成《ゆきなり》の『権記《ごんき》』という日記も残されています（権大納言の日記なので『権記』です）。行成は能書家としても有名で、小野道《みち》風《かぜ》、藤原佐理《すけまさ》と並んで三蹟と呼ばれています。

これらの複数の記録を交錯させていくと、当時の貴族たちの政治の実態が見えてくるわけです。

当時の日記を研究し、現代語訳を刊行している倉本一宏さんの『藤原道長の権力と欲望「御堂関白記」を読む』では、そのような試みによって、当時の宮廷貴族の活動の有様が活き活きと描き出されています。

貴族たちがこのように日記を書き、それが大切に保存されてきた理由として、倉本さん

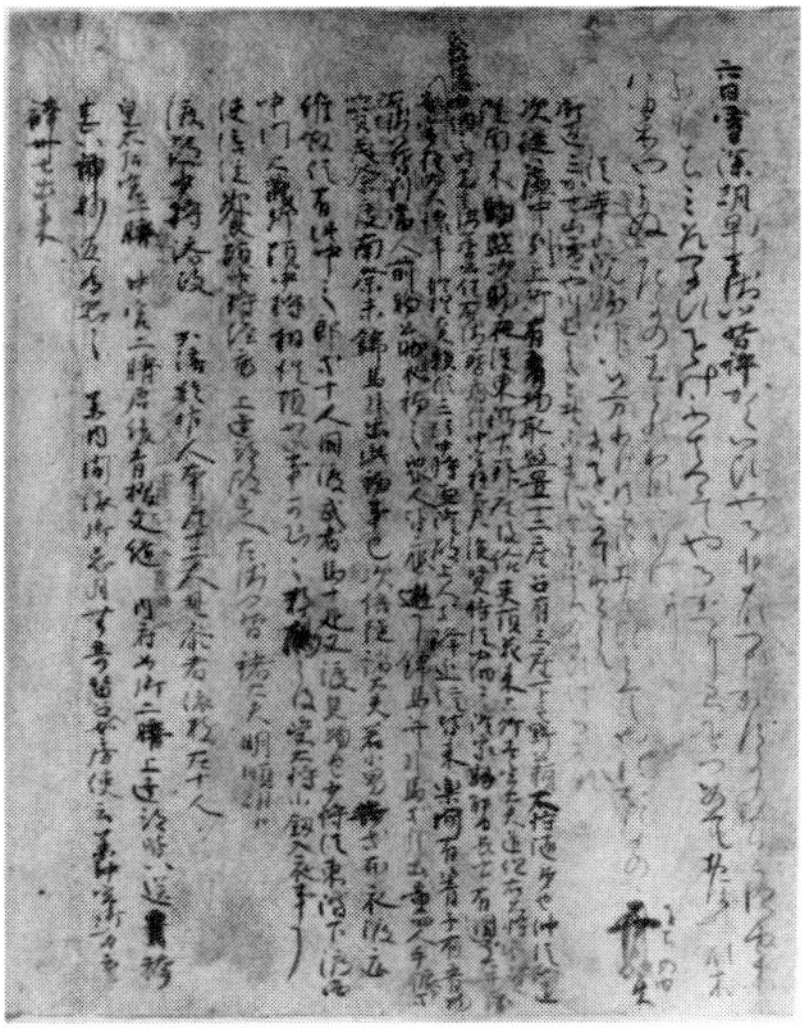

藤原道長直筆の御堂関白記（陽明文庫蔵）

は九〇一年の『日本三代実録』で『日本書紀』『続日本紀』『日本後紀』『続日本後紀』『日本文徳天皇実録』と続いてきた正史の編纂《へんさん》が六冊で途絶えてしまったことを挙げています。中国に見せる必要もなくなったことで、政府の業務を省力化したのでしょう。

国による公的な記録が途絶えたことで、儀式や政務、行事に関わった家が参照すべき前例として記録する必要がでてきたというわけですね。

ですから貴族たちの日記は、現代の私たちが記すようなプライベートな日々の感想を記すことが目的ではありません。

当時の政府がつくって官人たちに配布していたカレンダー（具注暦）の余白に儀式や年中行事、そして政務の活動記録などを覚書のように記していました。

そういった日記のなかでも、よく書かれているものは、多くの貴族に書き写され参照されていきました。

たとえば藤原実資は、見識が高く故実に深く通じていることで知られており、在世中にも彼の日記は同僚に読まれていたといいます（さすがに道長らを罵った箇所などは伏せられていたのでしょうけれど）。

日記は代々書き継がれ、子孫の家に、家宝として受け継がれていきます。なかには世間には公開していない秘伝の日記の存在などをほのめかし、前例に詳しい家として評価されるようになった例もありました。

中世の始まり

藤原道長たちが活躍していた時代については、摂政、関白が天皇の実権を奪い、政府（太政官）を蔑《ないがし》ろにして摂関家の家来たちが自由に政治を動かしていたという理解がされていた時代もありました。

しかしながら、現代の歴史研究ではこの見方は否定されています。

摂関家の家政機関（政所《まんどころ》）はあくまで摂関家とその領地（荘園）のことを司っていたに過ぎず、国の政治については、天皇を中心にして太政官を通じたやりとりが連綿と行なわれていたと、今では考えられています。

政府の高級官僚を担っていた貴族たちは、合議（陣定《じんのさだめ》など）でもって政治にあたっていました。ですから、摂政、関白が大きな力をもっていたとしても、あくまでも天皇の権威が大前提であり、だからこそ天皇との外戚《がいせき》関係が強く求められたのです。

道長の家に固定化・世襲化されていった「摂関家」が、後三条天皇との外戚関係を構築することに失敗したことで、上皇による「院政」の萌芽が生まれてきます。

しかしその話は「中世篇」ですることにしましょう。

第8章

古代篇まとめ

世界史の中の日本

㊱東アジアの年表を並べて眺めよう

さて「世界史の中の日本」という観点から、これまで日本の古代史について話をしてきました。今回から三回に分けて、そのポイントをおさらいしておきましょう。

一つ目は、「年表を、中国・朝鮮半島・日本と三つ並べて眺めよう」。

中国に漢や唐のような強大な大帝国が生まれると、陸続きの朝鮮半島や日本は動揺します。一方中国大陸が内輪揉めしているあいだは、朝鮮も日本も羽を伸ばす——東アジアの古代史はその繰り返しだったと理解すると、わかりやすいと思います。

大陸との関係

日本には『古事記』や『日本書紀』以前の歴史について同時代の史料がほとんど残されていません。

ですから古代の姿を知りたければ、中国や朝鮮の史料を参照する必要があります。

一世紀の『「漢書」地理志』には「倭には百余りの小国があり、楽浪郡に朝貢している」ことが書かれています。

『「後漢書」東夷伝』には、紀元五七年に奴国が朝貢に来て光武帝から金印をもらったこと（その金印が福岡の志賀島で江戸時代に出土）、一〇七年には「生口」、おそらく頑丈な男の奴隷百六十人を中国の皇帝に献上したこと、二世紀後半には大乱に陥ったことが書かれています。また『「魏志」倭人伝』には、卑弥呼の使いがきて親魏倭王という印章をもらい、卑弥呼の死後には壱与が後継に立ち使いを送ってきたこと、『「宋書」倭国伝』には四七八年に武が使いを寄こし、「自分を倭の国王にしてください。それから朝鮮半島南部の将軍にしてください」という依頼をしてきたことなどが記されています。

東アジアの古代史でもっとも大きな出来事のひとつは、紀元前一〇八年の楽浪郡の設置でしょう。のちに楽浪郡の南に、帯方郡も置かれます。

両郡の北方に住んでいたツングース系遊牧民がつくった高句麗が、両郡を三一三〜三一四年に滅ぼすまでの四百年の間、中華帝国はいまの平壌《ピョンヤン》のあたりを本拠にして、朝鮮半島の北半分を支配し、周囲に睨みをきかせていました。

そういった状況下では朝鮮も日本もでしゃばれませんでした。

ところが三一三年に大親分が消えると、「俺らも国、作ってええかな」ということで、朝鮮は高句麗・百済《くだら》・新羅《しらぎ》の三国時代に突入します。百済は三四六年、新羅は三五六年ごろに建国しています。南部の伽耶《かや》と呼ばれた地方には小国が分立していました。

一番大きい北の高句麗に対抗するべく、南西の百済と南東の新羅は同盟を結びます。百済 - 新羅同盟にくわえ、百済は倭とも結ぶ戦略を採りました。

そのため三六九年、現在石上《いそのかみ》神宮にある七支刀を倭に贈ったのです。

倭も朝鮮半島南部から出る鉄がほしかったので、取引を決済するためにも傭兵を出していたのでしょう。

高句麗の広開土王碑には四〇〇年と四〇四年に倭が侵入してきたと書かれています。

このように朝鮮半島は分裂して、争いが続きます。二二〇年に東漢（後漢）が滅んだ中国でも、三国志の時代を経て四三九年ごろ北魏が華北を統一しますが、江南には入れず分裂の南北朝時代が始まります。

この北魏の古都が平城（今の大同）です。奈良の都、平城京の名前のもとだといわれています。北魏では四七六年から四九〇年まで馮《ふう》太后が政治をとり、国民に一定の田畑を給付する「均田制」を始めます。この制度はその後、隋・唐に受け継がれ、日本も「班田収授制」として取り入れることになります。

倭の五王たちがこの北魏ではなく、南朝の宋（十世紀に興った宋とは別の国です）に使いを出したのは、おそらく北魏が隣接する朝鮮半島に権益を持っていたためでしょう。「南朝だったら、われわれに朝鮮半島南部の将軍の称号をくれるんやないか」と思ったのかもしれません。

一方で高句麗など朝鮮半島の国々は、北朝、南朝双方に朝貢しています。

現代の韓国の政権が「米中バランス外交」を唱え、アメリカと中国双方と握手する外交を展開していますが、古代においても、中国と隣接する朝鮮半島は難しい立ち位置を余儀なくされていたのですね。

倭は五世紀まで中国に使いを送っていましたが、しばらく記録が途絶えます。記録上、中国への使節が復活するのは、六〇〇年、北朝の後継政権、隋が、五八九年に中国を統一した直後のことでした。

内乱の連鎖反応

さて「隋が中国を統一したで」と聞いて、とりあえず様子見に使いを送った倭ですが、あまりの国力の違いに驚愕したのでしょう。

最初の遣隋使のあと、あわてての ちに冠位十二階や憲法十七条と呼ばれるものの祖型などを作り、「立派な国なんやで」という背伸びをして、立て続けに五回も隋へ使節を送り、必死でキャッチアップしようとします。

六〇七年に小野妹子を送り、六〇八年には僧・旻《みん》、南淵請安《みなみぶちのしょうあん》、高向玄理《たかむこのくろまろ》ら八人を留学に出しています。

このころ裴世清《はいせいせい》という隋からの使節が日本に来て、タリシヒコという有力者（俀王。倭

法隆寺：奈良県生駒郡斑鳩町

王ではない）に会ったと『隋書』に記録を残しています。

当時は推古天皇の治世でしたが、聖徳太子と後年呼ばれる厩戸王《うまやどのおう》が政治に関与していた証拠はなく、政治の実権を握っていたのは、明らかに大臣《おおおみ》の蘇我氏であり、その当主である馬子でした。タリシヒコは馬子と考えるのが自然です。

ところがこの隋が六一八年に滅び、唐に代わります。

安定した国政運営に成功した唐はますます栄えて強大化し、周辺の国々は焦り始めます。

高句麗では、隋の煬帝《ようだい》の高句麗征伐軍を破った実績がある淵蓋蘇文《えんがいそぶん》がクーデターを起こし、国王を含め、唐のポチになろうとした人々を数百人規模で粛清します。

百済でも国王が親・唐派を弾圧し、アンチ唐の高句麗と百済による同盟が成立したのです。

新羅はアンチ唐の高句麗と百済に挟まれるかたちになりましたから、唐に泣きつくしか手はありませんが、その新羅でも内乱が起こります。

こうした朝鮮三国の情勢を伝え聞いた日本でも、「俺らも昔からの親・大陸派で政治を牛耳る蘇我氏を倒せるのでは」……ということになっていったのだと思います。

日本のロールモデル

ロールモデルは、すごく大切だと思います。

僕が日本史を学校で習った頃には、朝鮮の淵蓋蘇文のクーデターなどは誰も教えてくれませんでした。

しかし、ビジネスの世界でも同業他社で経営改革を行ったりしていると、うちでもひとつやってみるか、という機運が高まったりはしませんか。

ある企業が合併して業界シェアトップに立ったりすると、同じ業界の他社の中にも「こりゃ合併しなければ生き残れへんで」という空気が流れたりしますよね。

当時、大陸からは日本に多くの人々が流れてきていました。

唐につくか、自立して戦うか。朝鮮半島の三国が、ほぼ同時に内部で争っているのを見て、日本の支配者層も二つに割れました。

その結果が、乙巳《いっし》の変（大化の改新）だったと思うのです。

※

この中国とどのような姿勢で向き合うのかという問いを、「日本」という国を創った持統天皇と藤原不比等《ふひと》は、どう解いていったのか。次回にみていきましょう。

㊲日本のグランドデザイン

さて「世界史の中の日本」という観点から話してきた日本の古代史。全三回のまとめの第二回でとりあげるのは、「日本という国家のグランドデザインをつくったのは、持統天皇と藤原不比等《ふひと》だった」というとても重要なポイントです。

中国に対する「半身の構え」

古代史における中国と日本の関係は、現代のアメリカと日本の関係によく似ています。

現代でも、世界最大最強の覇権国であるアメリカの大統領選挙や、中間選挙の動向など、日本はもとより世界中が大きな関心をもって見ていますね。

日本の首相も、常にアメリカの大統領との親密さをアピールしています。両者の仲が悪いとなると、特に日本側で、大変な政治問題になったりします。

同じように大きな力関係の差が、古代中国と日本との間にもあったのです。当時の中国は、軍事面はもちろん経済力においても文化面においても、周辺諸国との差は圧倒的でした。

朝鮮半島で新羅《しらぎ》が唐と結び、唐・新羅連合軍によって、百済《くだら》と高句麗が滅びると、唐は楽浪郡の再現を考えます。

日本はその唐・新羅連合軍と六六三年の白村江《はくすきのえ》の戦いで直接矛を交えて大敗し、「唐はいつ本格的に攻めて来るやろか」と怯えることになります。

ところが楽浪郡の再来を嫌がる新羅と唐が仲間割れしたことで、日本は体制固めの時間稼ぎができ、唐に歯向かったこともある程度ウヤムヤにすることができたのです。大変な幸運でした。

白村江の戦いの指揮をとった天智天皇（中大兄皇子）が没し、その後の壬申《じんしん》の乱で勝利した天武天皇（大海人皇子《おおあまのみこ》）——そしてその後をうけた持統天皇と腹心の藤原不比等は、七〇二年に約三十年振りに遣唐使を復活させます。

そして主従のはっきりした中国の冊封《さくほう》体制に組み込まれることなく、唐と付かず離れずの地位を獲得しようとします。

中国を牛耳る武則天《ぶそくてん》に「日本の遣唐使は二十年に一回くらいでいいよ」と言わせたんですね。おそらく「われわれは遠く離れた場所にある小さい国ですので……」などと言いつつ、唐とある程度距離を置いた外交戦略をとったわけです。

唐は尊敬するけれども、唐とがっちり組むのではなく、「半身の構え」で対応するというこの姿勢は、一四〇一年に足利義満が交易のため明に対して臣下の礼をとり「日本国王」のポジションを得るまで、この後七百年間にわたる日本外交の基本的なスタンスとなります。

日本のグランドデザイン

持統天皇と不比等は、唐と適度に距離を置く一方で、国内体制を固めることに注力しました。僕は「古代の鹿鳴館政策」と呼んでいます。

政治体制や文化面で、先進国である唐のレベルに早く追いつくことを意識して、大陸からの使節が来ても胸をはれるように、いろいろと体制整備を行っていきました。

文字（漢字）の使用、藤原京や平城京などの都や、律令といった法制、天皇号や日本という国号をはじめ、現代の日本の国のおおもととなるかたちを作ったのです。

ただ、持統と不比等が構想したグランドデザインは、当時の日本の国力を超えた大風呂敷だったので、十分に実現しきれませんでした。

中国では律令は皇帝の代替わり毎に制定されますが、わが国では実質的には不比等による大宝・養老律令一回しか作られていません。班田収授による公地公民制も中途半端に終わりました。

また最後の都城である平安京も未完成、『日本書』も「紀」はできたものの未完成に終わりました。

中国では唐のあと十世紀の宋にいたると、科挙による官僚システムが近代的なかたちで発展し、皇帝を補佐する大臣クラスは科挙の秀才たちばかりになります。

しかし日本では科挙を行う国力がなく、後宮のキサキが次世代の天皇を産むかどうかで権力の在所がかわる外戚《がいせき》システムが継続していきます。

有能な持統と不比等の構想が国力を超えて壮大すぎたために実行できなかったと見るか、彼らの日本の国力についての現状認識が乏しかったのか、ここは評価が難しいところです。

実行が不十分に終わった理由としては、国力（ＧＤＰ）の不足が第一。人口は唐の十分の一以下、一人当たりＧＤＰは約半分という実態で、背伸びして、例えば、長安の約四分の一の大きさを持つ都を創ったわけですから、どう考えてもサスティナブルではありませんよね。次いで藤原氏が蘇我氏を真似て、自家の勢力を温存するかたちで政治改革をすすめていったことで、天皇を中心とする中央集権体制が確立しなかったこと。また、唐・新羅戦争に続いて起きた安史《あんし》の乱で、唐が自分の国のことにかまけるようになったのを見て、「もうこっちまで攻めて来ることはないな」と危機感が薄れたことなどが挙げられるでしょう。

中国が脅威でなくなったわけ

唐の国政が安定していた間は民間の船は気軽には出せませんでした。

しかし安史の乱で唐のタガがゆるんでくると、「儲かるんやったらどんどん船を出すぞ」と海商たちが交易に精を出すようになります。

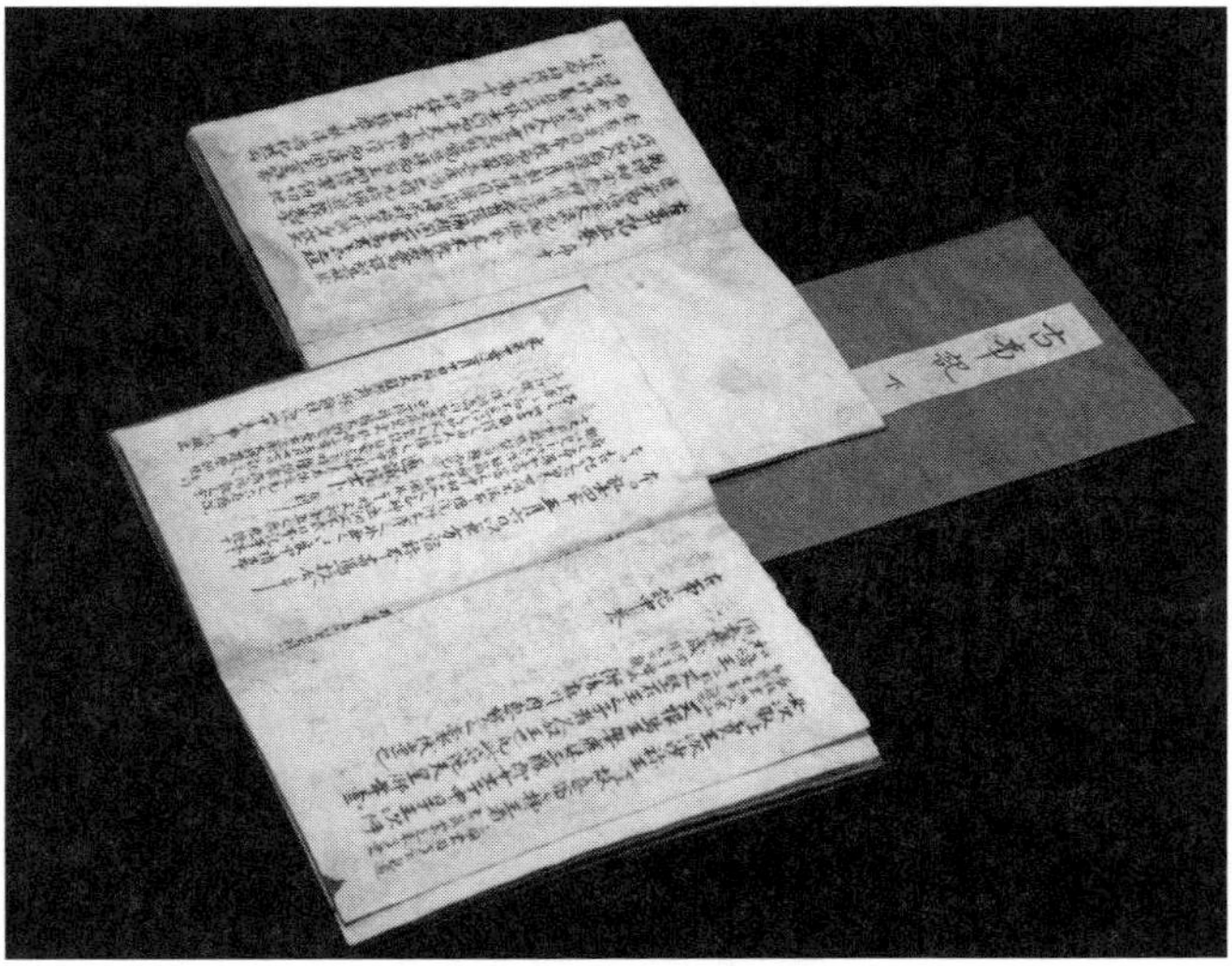

南北朝時代に書かれた古事記の
写本（名古屋市博物館／時事）

唐が滅び、その後分裂国家の時代になると、民間での交易はさらにさかんになり、正式な国交がなくても日中で基本的な商売ができるようになっていきます。

また、隋唐の時代は朝鮮半島にまで中国の勢力が出張ってきていましたので、朝鮮半島諸国、その先の日本にも直接的な力が及び、緊張感をもって大陸に対応していたのに対して、宋は朝鮮半島にはほとんど関与しませんでした。

中国を統一したといっても、朝鮮半島と隣接するいまの北京がある北部一帯はキタイ（契丹《きったん》・遼）の領土であったからです。

日本でも、宋は自分たちよりもはるかに先進国だという認識はあっても、具体的な国土の広さはわかりませんから、北はキタイ、南は宋で「また南北が分裂したんや」ぐらいに考えていたのかもしれません。

だからこそ、宋の皇帝から日本の私費巡礼僧や留学僧たちを通じて「日本から公的使節を送ってこい」とメッセージを託されても、無視していられたわけですね。

※

こうして中国に対する日本の緊張感は次第に薄れていき、律令国家としては、だんだんだらけていくことになりました。

『日本書紀』から始まった正史編纂《へんさん》事業も、九〇一年の『日本三代実録』以降、正史が編まれなくなってしまいます。

持統天皇、藤原不比等以降、律令も作られなくなりました。

律令によって置かれた官職なども、律令体制が崩壊し、その後武家の時代に移行するなかで実際の仕事は失われていきます。

しかし律令体制は、かたちとしてはずっと生き続け、その官職名は権威あるものとして明治時代まで受け継がれていきます。明治維新後も、太政官、神祇官はしばらく存置されます。いかに持統、不比等のグランドデザインがしっかりしていたかということです。

現代でも、国家の行政官庁の長を「大臣」という呼び名で表しているように、見方によっては、いまもその枠組みが生きているともいえるのです。

逆に、国をもう一度作り直すほどの外からのショックが日本にはこなかった、ともいえるのですね。

これはめちゃハッピーなことでもありました。

どうして外国に攻め込まれることがなかったのか。それは、日本が後世の銀のような世界商品を持たない遠い島国だったからなんですね。古代篇のまとめの最後に、そのことを見ていきましょう。

㊳小さな国、日本

「世界史の中の日本」という観点からの日本古代史の講義は今回で終わりです。

今回の話のポイントは「大国と小国では見えている世界が違う」ということです。

周辺地域全体の歴史の中ではものすごく小さいポーションでも、小国にとっては大きいポーションになることがよくあるのです。

大国、中国を恐れていた日本

二十一世紀の中国は、アメリカに次ぐ経済大国となりましたが、古代の日本にとって、中国は現代のアメリカ以上の大きな存在でした。

六六三年の白村江《はくすきのえ》の戦いで中国と直接対決した日本は完敗しました。

その後数次にわたって日本は唐（朝鮮半島の駐留軍）へ敗戦処理の遣唐使を派遣しています。唐も朝鮮駐留軍から日本に何度も使節を送っていました。

唐の使者、郭務悰《かくむそう》は当時の日本人にとって、第二次大戦後の日本人にとっての「マッカーサー」のような存在だったことでしょう。

しかし彼の名前は日本の史書には残されていますが、中国の史書には見当たりません。

唐の中央政府の記録者にとって、辺境の地に派遣された軍隊から、さらに辺境へと送られた戦時処理の使者の名前は、たいしたポジションでなかったのでしょう。

今でも「白村江の戦い」は、中国の歴史教育では、日中戦争の扱いとは異なりほとんど扱われません。

唐の皇帝から見たら旧・百済《くだら》に駐留させている軍隊に「お前らの裁量でアホなことを二度とせんように倭によく言っておけ」ぐらいの状況です。

しかし、日本にとってこの戦争は国運をかけた戦いであり、その敗戦ショックは、体制を様々に変革する大きなきっかけとなりました。

こういうことは世界史では珍しくないのです。

紀元前三二七年、アレクサンドロス大王率いる大軍がインダス川のほとりまで到達し流域を蹂躙したことは、ヨーロッパの歴史ではそれほど大きく取り扱われていません。

このときアレクサンドロスはさらにインダス川の先まで進むことを考えていましたが、兵隊がみんな反対したので引き返しました。

このことは、当時、小さな王国に分裂していたインドにとっては、大変なショックでした。

「我々もインドの地に統一王朝を作らなあかんな」と刺激されて、マウリヤ朝が生まれました。

インド史ではアレクサンドロスの東征はきわめて重要な出来事だったのです。

当時の日本はまことに小さな国

かつて司馬遼太郎さんが『坂の上の雲』で日本を「まことに小さな国」と呼んでいましたが、昔の日本は中国に比べると小さな国でした。国力（ＧＤＰ）が不足していたので、平城京も平安京も、最後まで完成させる力がありませんでした。これに対して現在の日本はかなり大きな国です。一人当たりＧＤＰは中国の四～五倍もあります。当時の日本は一人当たりＧＤＰは中国の半分程度でした。

古代の日本は同じく当時の後進国であったヨーロッパなどに比べても、内乱も少なくその規模も小さかったのですが、これは内乱をするほどの国力がなかったからだ、ともいえます。

城壁を築くのにも兵隊を連れ回すのにも、オカネがかかります。

白村江のときは四万二千人ともいわれる兵士を派遣しています。しかし日本はそのために政府そのものを、みな九州に移して国力をすべて結集して――しかも滅ぼされた百済の生き残りも入れて――やっと軍勢をひねり出していたのですね。

逆にいえば、日本はそんな土地だったからこそ、本格的な侵攻を受けなかったのかもしれません。日本には世界中の誰もが欲しがるお茶や絹などの「世界商品」がありませんでした。

お米や魚がとれるので生活はできるけれど、外国からはこれといって欲しいものがないので、積極的にこの地と交易しようという意欲を持たれることがなかった。

例えば中国には世界一の陶磁器があり、シルクがあり、お茶があったから、世界中から中国に交易に来たわけですね。

世界中の国が日本に交易に来るようになるのは、戦国時代に石見銀山などから銀を大量に産出するようになって以降のことです。

一方の日本の側では、政治体制や仏教など新しい知見や大きな事業をもたらす文化を、積極的に大陸から受容していきました。

かつて蘇我氏が大きな権力を握ったのは、中国からの新しい教えである仏教を奉じて、たくさんお寺の工事を発注し、職になる技術をもたらしてくれたからですよね。

蘇我氏は開明的なポジションをとることで、知識のある人や仕事の欲しい人をたくさん集めて力を蓄えたわけです。

廃仏派＝保守派の物部《もののべ》氏についていっても現状のままで、新しい仕事は増えません。

奈良時代の聖武天皇や光明子がつくった東大寺の大仏や、その娘の孝謙・称徳天皇が作った西大寺や百万塔陀羅尼《だらに》も大事業ですね。

この当時の仏教は先進技術の粋というだけではなく、国家を守るための、大変ありがた

西大寺の八角壇の跡

い存在でした。

仏教に関連する事業は、いわば当時の大公共事業でした。

こうしてひとつひとつ中国の新しい文化を受け入れていくなかで、日本の社会、文化は大きく発展していったのです。

中世は楽しい、おもしろい

さて、次巻は中世篇となりますので、予告をしておこうと思います。

ヨーロッパのかつての中世史では、「栄光の古代」つまり「光り輝くギリシャ、ローマ」のあとに「暗黒の中世」が訪れたという考えが根強くありました。

日本史もこの影響を受けていて、「奈良時代は仏像など天平文化がすばらしかったけれど、中世になるとどんよりしてくるんやな」といった認識が一部にあったのです。

けれども、そんなはずはありませんよね。全体でみれば、私たちの社会はだんだんと明るく、よくなってきているのです。

中世は、実はものすごくおもしろいのです。

たとえば、破天荒な振る舞いや豪奢な生活で知られる室町時代の「ばさら大名」に代表されるように、人々はとても生き生きしています。

そしてそのなかで浄土信仰や禅、あるいは能や狂言、お茶のように、今の日本文化の源流と呼ばれているものの多くが中世に誕生しています。これらのほとんどは、宋の文化を咀嚼するなかで生まれてきたものです。

また、経済面でも見るべき動きがあります。たとえば中世には、下剋上が起こるための前提条件になった、貨幣革命が生じています。

清盛か入宋貿易を本格化させ、中国から大量の宋銭（貨幣）が入ってきたことで、初めて日本にも貨幣経済が生まれたのです。

古代にも和同開珎《わどうかいちん》など（最古の貨幣である無文銀銭や皇朝十二銭）が作られていましたが、流通量はわずかでほとんど使われていませんでした。

ところが、中国から大量に宋銭が輸入されるようになると、日本にもマネーフローが潤沢に供給されるようになり、市場経済が活発になっていきます。

最近、呉座勇一さんの『応仁の乱』がベストセラーになっていますが、中世史のおもしろさが再認識されてきているのも、理由の一端にあるのでしょう。このシリーズでも「中世は楽しい、おもしろい」と感じていただけたらと思っています。

（表 1）蘇我氏系図 1

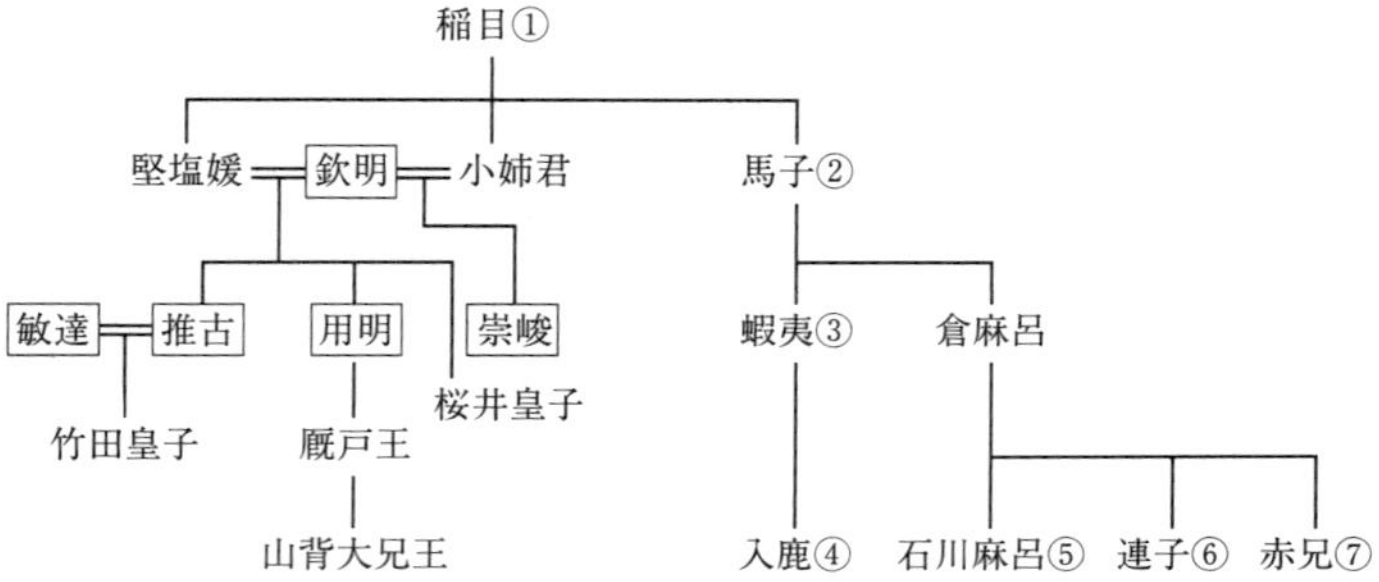

（表 2）蘇我氏系図 2

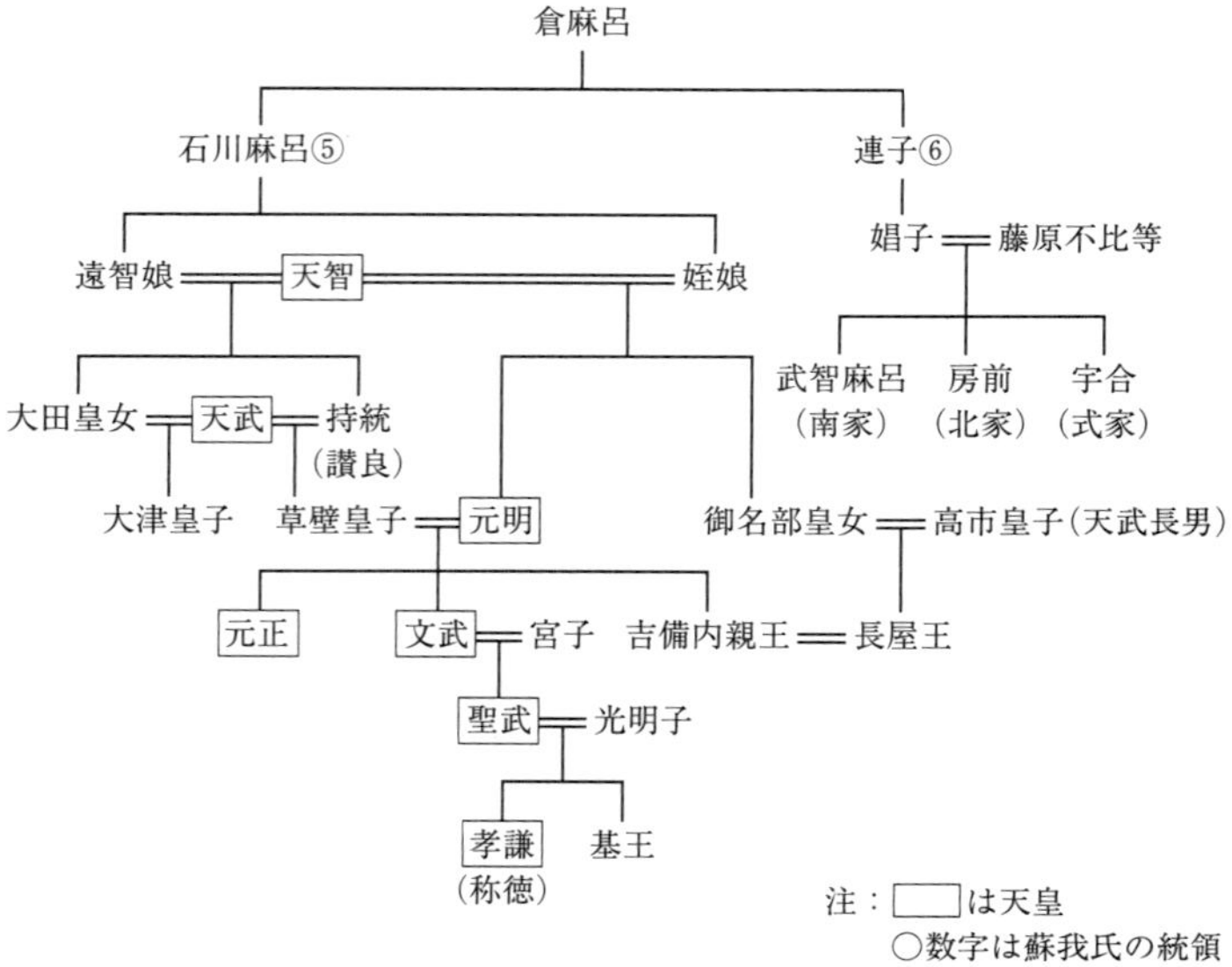

（表3）天皇家系図1

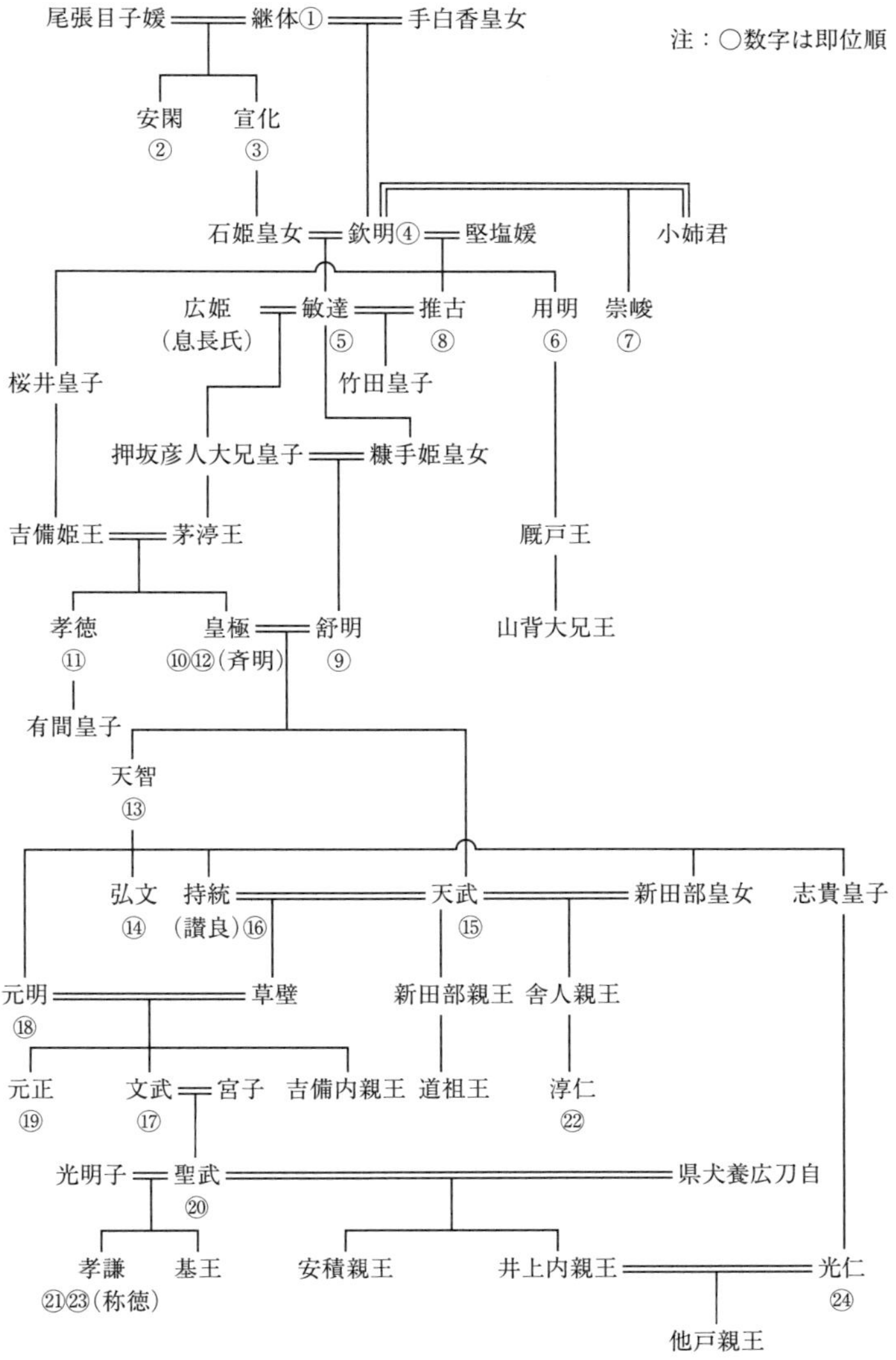
注：○数字は即位順
尾張目子媛
継体①
手白香皇女
安閑
②
宣化
③
石姫皇女
欽明④
堅塩媛
小姉君
広姫
（息長氏）
敏達
⑤
推古
⑧
用明
⑥
崇峻
⑦
桜井皇子
竹田皇子
押坂彦人大兄皇子
糠手姫皇女
吉備姫王
茅渟王
厩戸王
孝徳
⑪
皇極
⑩⑫（斉明）
舒明
⑨
山背大兄王
有間皇子
天智
⑬
弘文
⑭
持統
（讃良）⑯
天武
⑮
新田部皇女
志貴皇子
元明
⑱
草壁
新田部親王
舎人親王
元正
⑲
文武
⑰
宮子
吉備内親王
道祖王
淳仁
㉒
光明子
聖武
⑳
県犬養広刀自
孝謙
㉑㉓（称徳）
基王
安積親王
井上内親王
光仁
㉔
他戸親王

（表4）藤原氏系図1（含橘氏）

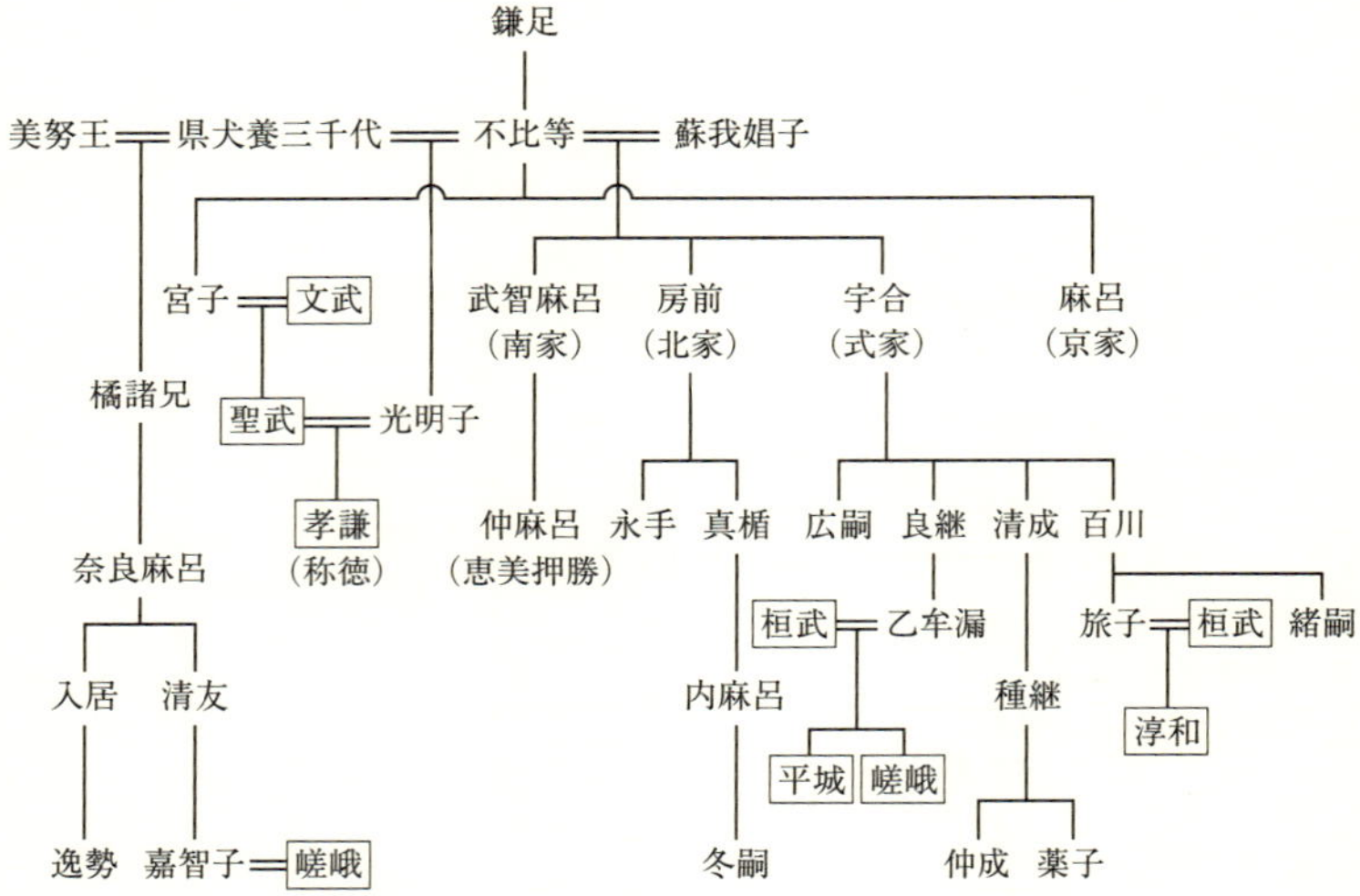

注：□は天皇

（表5）藤原氏系図2

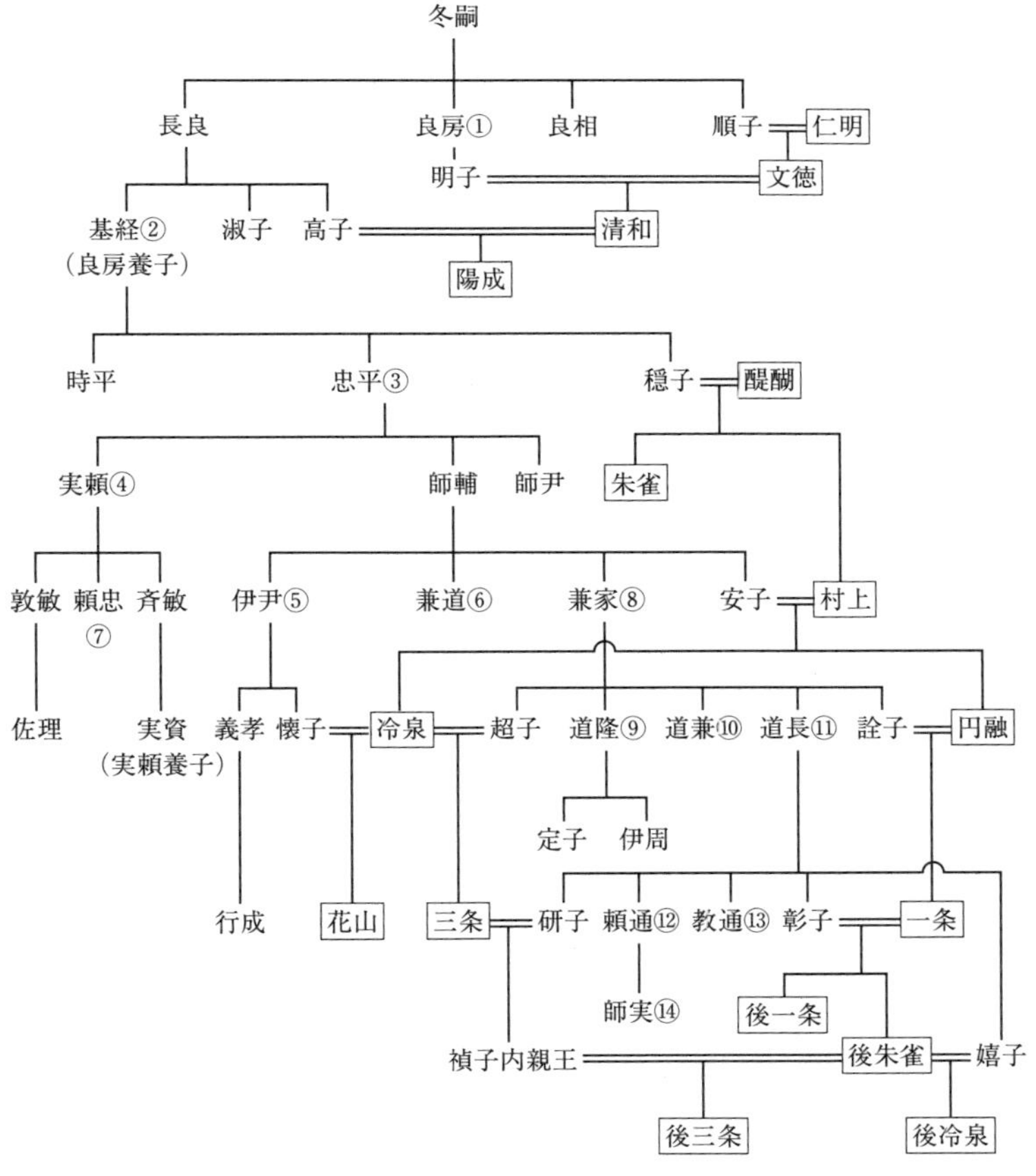

注：□は天皇
○数字は摂政、関白、内覧の就任順

(表 6)天皇家系図 2

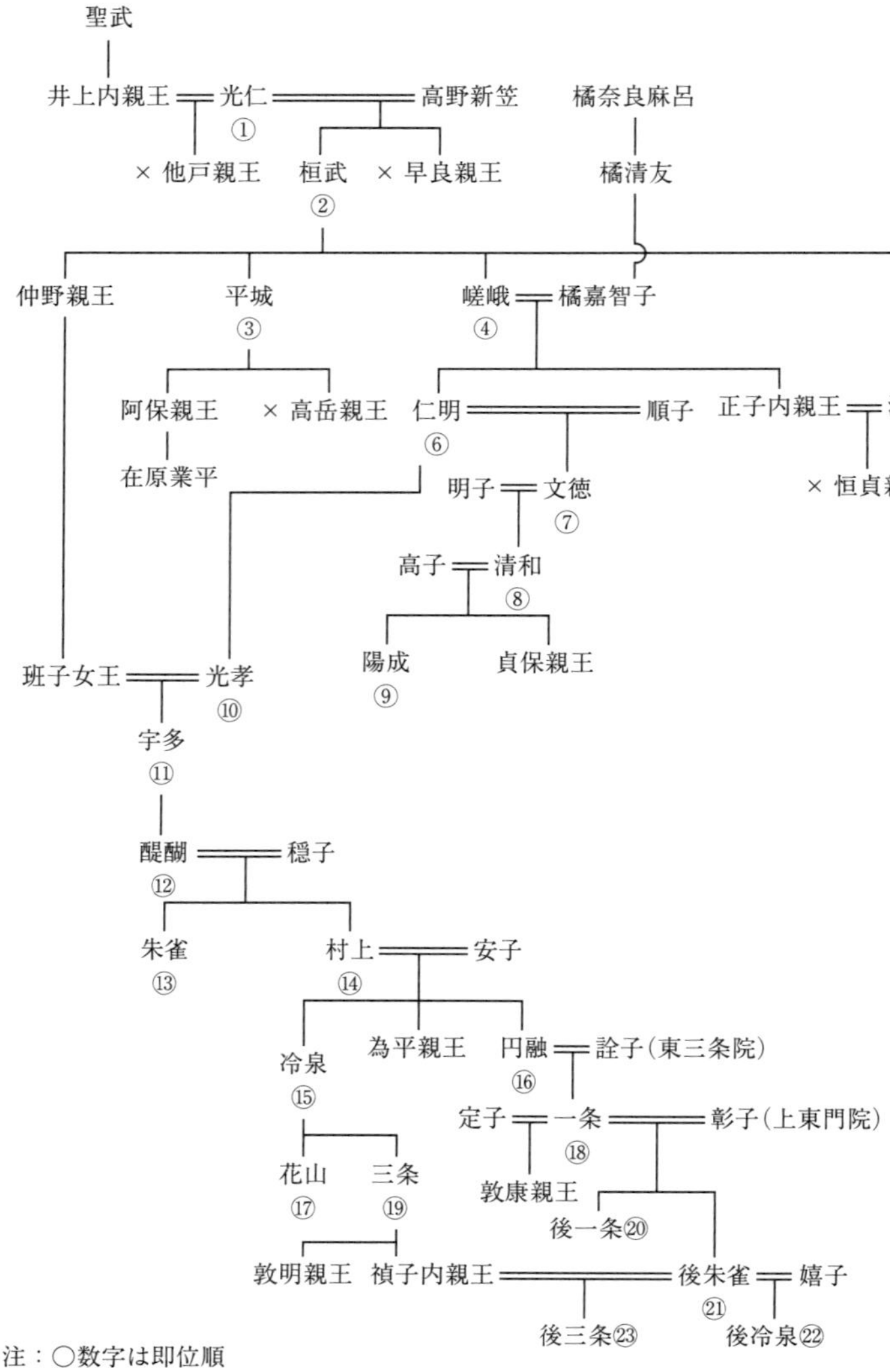

注：〇数字は即位順
　　× は主な廃太子

	朝鮮半島	中国大陸
		●漢帝国が拡大
	●漢の支配下に置かれる（楽浪等四郡）	
		●東漢（後漢）滅亡、魏・呉・蜀三国時代へ
		●西晋による全国統一（～316年）
	●楽浪郡、帯方郡滅亡（高句麗による）	
	●百済建国	
	●新羅建国	
	●高句麗・百済・新羅の三国時代へ	
		●南北朝時代へ
		●北魏による華北統一
		●倭王・武の上表文（宋書）
		●隋が全土を統一
		●隋滅び、唐興る
	●高句麗でクーデター、百済で大乱	
	●高句麗・百済、同盟を結ぶ	●唐、高句麗遠征を開始
	●新羅で内乱、唐に助けを求める	
		●武則天、高宗の皇后となる
	●百済、唐・新羅軍に敗れ滅亡。	●武則天、天皇・天后制を始める（二聖政治）
	日本に助けを求める	
	●白村江の戦いで、日本は唐・新羅軍に完敗	

《古代篇◉年表》

	年号	日　本
B.C.	2世紀	
	108年	
A.D.	2世紀後半	●邪馬台国の成立（「魏志」倭人伝）
	220年	
	280年	
	313年	
	346年	
	356年	
	4世紀半ば	●ヤマト政権の確立
	400年、404年	●半島に出兵し百済と結び高句麗と戦う
	5世紀前半～	
	439年	
	478年	
	6世紀前半	●継体天皇（ヲホド王）、大王位に（在位507～531年）
	527年	●磐井の乱、ヤマト政権による統一へ
	538年	●仏教伝来（この前後に何年もかけて伝来）
	587年	●蘇我氏、物部氏を滅ぼす
	589年	
	593年	●女帝・推古天皇即位（～628年）
	600年	●第一回遣隋使
	603年	●冠位十二階（祖型）を制定
	604年	●憲法十七条（祖型）を制定
	607年	●第二回遣隋使（小野妹子）
	608年	●隋の使者・裴世清、来朝（帰国時に高向玄理、
	618年	僧・旻、南淵請安を同行して留学へ）
	628年	●舒明天皇即位（～641年）
	630年	●第一回遣唐使派遣（632年、僧・旻とともに帰国）
	640年	●高向玄理、南淵請安、新羅使とともに帰国
	641年	●舒明天皇の皇后、皇極天皇として即位（～645年）
	642年	
	〃	
	〃	
	645年	●乙巳の変（大化の改新）、孝徳天皇即位（～654年）、難波宮に遷都
	646年	●改新の詔（日本書紀で潤色）
	653年	●第二回遣唐使派遣、中大兄ヤマトに戻る
	655年	●斉明天皇（皇極天皇）即位（～661年）
	658年	●有間皇子が誅殺される。中大兄の勝利
	660年	
	661年	●斉明天皇、筑紫朝倉宮に遷る。そこで没
	663年	
	664年	●唐から使者・郭務悰が来日
	667年	●近江大津宮に遷都

	朝鮮半島	中国大陸
	●唐・新羅軍により高句麗が滅びる	
	●唐・新羅戦争はじまる	
	●新羅、朝鮮半島を統一	
		●高宗、没
		●武則天、唐を廃し国号を周に。初代皇帝となる(〜705年)
	●渤海(高句麗の末裔)建国、唐と争う	
		●玄宗即位(開元の治713〜741年)
	●新羅、唐の要請を受け、渤海を攻撃	
		●安史の乱(〜763年)
		●唐、両税法施行

《古代篇◉年表》

	年号	日　本
	668年	●中大兄(天智天皇)即位(～671年)
	670年	
	672年	●壬申の乱、天武天皇即位(～686年)
	676年	
	679年	●吉野の盟約
	683年	
	684年	●八色の姓制
	689年	●飛鳥浄御原令制定、同年藤原不比等判事に
	690年	●持統天皇即位(～697年)
	694年	●藤原京に遷都
	698年	
	701年	●大宝律令成る(藤原不比等)
	702年	●遣唐使派遣を再開、国号に「日本」を使う。持統太上天皇没
	707年	●元明天皇即位(～715年)
奈良時代	710年	●平城京に遷都
	712年	●このころ古事記成立
	715年	●元正天皇即位(～724年)
	720年	●藤原不比等没。日本書紀成立
	721年	●長屋王、右大臣に。元明太上天皇没
	723年	●三世一身法(長屋王)
	724年	●聖武天皇即位(～749年)
	729年	●長屋王の変、光明子皇后に
	732年	
	734年	●藤原武智麻呂、右大臣に
	737年	●天然痘の流行で武智麻呂始め藤原四兄弟没
	738年	●橘諸兄、右大臣に
	740年	●藤原広嗣の乱
	741年	●国分僧寺・尼寺建立の詔
	743年	●墾田永年私財法、大仏造立発願
	748年	●元正太上天皇没
	749年	●孝謙天皇即位(～758年)
	752年	●東大寺大仏開眼供養
	755年	
	757年	●養老律令施行(藤原仲麻呂)。橘奈良麻呂の乱
	758年	●淳仁天皇即位(～764年)、藤原仲麻呂、右大臣に
	760年	●藤原仲麻呂、太政大臣に。光明子没
	764年	●藤原仲麻呂の乱、称徳天皇(孝謙天皇)即位(～770年)。道鏡、大臣禅師に
	765年	●道鏡、太政大臣禅師に(766年法王に)
	769年	●宇佐八幡神託事件
	770年	●光仁天皇即位(～781年)
	780年	
	781年	●桓武天皇即位(～806年)

	朝鮮半島	中国大陸
		●黄巣の乱（〜884年）
	●このころ新羅が分裂、後百済・後高句麗の後三国時代へ	
		●唐の滅亡、五代十国時代へ
		●キタイ（契丹・遼）建国
	●後高句麗、クーデターで高麗となる	
	●渤海の滅亡	
	●新羅、高麗に降伏	
	●高麗、後百済を滅ぼし朝鮮半島を統一	
		●宋が中国を統一

《古代篇●年表》

	年号	日　本
	784年	●長岡京に遷都
	789年	●桓武、蝦夷討伐開始
平安時代	794年	●平安京に遷都
	804年	●最澄、空海、遣唐使船で中国へ
	806年	●平城天皇即位(～809年)。最澄、延暦寺で天台宗を開く
	809年	●嵯峨天皇即位(～823年)
	810年	●平城太上天皇の変(薬子の変)
	816年	●空海、金剛峯寺を開く
	842年	●承和の変
	857年	●藤原良房、太政大臣に
	858年	●清和天皇即位(～876年)、良房が補佐
	866年	●応天門の変。藤原良房、人臣初の摂政に
	875年	
	876年	●陽成天皇即位(～884年)、藤原基経が摂政に
	884年	●光孝天皇即位(～887年)、基経、万機を掌らしむ
	887年	●宇多天皇即位(～897年)、基経、関白に
	890年	
	894年	●遣唐使停止
	897年	●醍醐天皇即位(～930年)
	899年	●藤原時平が左大臣、菅原道真が右大臣に
	901年	●昌泰の変、菅原道真が大宰府に流される
	902年	●最初の荘園整理令
	907年	
	916年	
	918年	
	926年	
	930年	●朱雀天皇即位(～946年)、藤原忠平、摂政に(941年関白に)
	935年	
	936年	
	939年	●平将門の乱、天慶の乱
	946年	●村上天皇即位(～967年)
	967年	●冷泉天皇即位(～969年)
	969年	●安和の変、円融天皇即位(～984年)
	979年	
	984年	●花山天皇即位(～986年)
	986年	●寛和の変、一条天皇即位(～1011年)
	995年	●藤原道長、一条天皇の内覧・右大臣になる
	1016年	●藤原道長、後一条天皇の摂政に
	1017年	●藤原頼通、摂政に
	1028年	●平忠常の乱
	1051年	●前九年合戦
	1068年	●後三条天皇即位(～1072年)

参考文献

イェンス・ハルダー『アルファ』（国書刊行会　2016）
更科功『宇宙からいかにヒトは生まれたか　偶然と必然の138億年史』（新潮選書　2016）
大河内直彦『地球の履歴書』（新潮選書　2015）
田近英一『凍った地球　スノーボールアースと生命進化の物語』（新潮選書　2009）
デヴィッド・クリスチャン他『ビッグヒストリー』（明石書店　2016）
ロビン・ダンバー『ことばの起源』（青土社　2016）
ロビン・ダンバー『人類進化の謎を解き明かす』（インターシフト　2016）
ベネディクト・アンダーソン『定本　想像の共同体』（書籍工房早山　2007）
小坂井敏晶『増補　民族という虚構』（ちくま学芸文庫　2011）
篠田謙一『日本人になった祖先たち』（NHKブックス　2007）
篠田謙一『DNAで語る　日本人起源論』（岩波現代全書　2015）
海部陽介『日本人はどこから来たのか？』（文藝春秋　2016）
網野善彦『日本社会の歴史』（岩波新書　1997）
尾本恵市『ヒトと文明』（ちくま新書　2016）
片山一道『骨が語る日本人の歴史』（ちくま新書　2015）
中橋孝博『倭人への道』（吉川弘文館　2015）
藤尾慎一郎『弥生時代の歴史』（講談社現代新書　2015）
森下章司『古墳の古代史』（ちくま新書　2016）
吉村武彦『ヤマト王権』（岩波新書　2010）
古代史シンポジウム「発見・検証　日本の古代」編集委員会『発見・検証　日本の古代Ⅰ　纒向発見と邪馬台国の全貌　卑弥呼と三角縁神獣鏡』（KADOKAWA　2016）
森公章『倭の五王』（山川出版社　2010）
上田正昭『私の日本古代史』（新潮選書　2012）
都出比呂志『古代国家はいつ成立したか』（岩波新書　2011）

水谷千秋『継体天皇と朝鮮半島の謎』（文春新書　2013）
倉本一宏『蘇我氏　古代豪族の興亡』（中公新書　2015）
吉村武彦『蘇我氏の古代』（岩波新書　2015）
吉村武彦編著『古代史の基礎知識』（角川選書　2005）
大山誠一『〈聖徳太子〉の誕生』（吉川弘文館　1999）
大山誠一編『日本書紀の謎と聖徳太子』（平凡社　2011）
尾崎桂治『飛鳥京物語（全3冊）』（三樹書房　2016、2017）
佐藤長門『蘇我大臣家』（山川出版社　2016）
森公章『天智天皇』（吉川弘文館　2016）
遠山美都男『名前でよむ天皇の歴史』（朝日新書　2015）
中村修也『偽りの大化改新』（講談社現代新書　2006）
三浦佑之『古事記のひみつ』（吉川弘文館　2007）
木簡学会編『木簡から古代がみえる』（岩波新書　2010）
入江曜子『古代東アジアの女帝』（岩波新書　2016）
土橋寛『持統天皇と藤原不比等』（中公文庫　2017）
向井一雄『よみがえる古代山城』（吉川弘文館　2016）
中村修也『天智朝と東アジア』（NHKブックス　2015）
東野治之『遣唐使』（岩波新書　2007）
中村修也『白村江の真実　新羅王・金春秋の策略』（吉川弘文館　2010）
氣賀澤保規『則天武后』（講談社学術文庫　2016）
大山誠一『天孫降臨の夢』（NHKブックス　2009）
三浦佑之『風土記の世界』（岩波新書　2016）
森博達『日本書紀の謎を解く』（中公新書　1999）
吉田一彦『〈本と日本史〉①「日本書紀」の呪縛』（集英社新書　2016）
義江明子『日本古代女帝論』（塙書房　2017）
渡部育子『元明天皇・元正天皇』（ミネルヴァ書房　2010）

吉川真司『聖武天皇と仏都平城京』（講談社　2011）
西宮秀紀『奈良の都と天平文化』（吉川弘文館　2013）
勝浦令子『孝謙・称徳天皇』（ミネルヴァ書房　2014）
遠山美都男『天平の三皇女』（河出文庫　2016）
坂上康俊『平城京の時代』（岩波新書　2011）
東野治之『鑑真』（岩波新書　2009）
寺崎保広『若い人に語る奈良時代の歴史』（吉川弘文館　2013）
大津透『律令制とはなにか』（山川出版社　2013）
須田勉『国分寺の誕生』（吉川弘文館　2016）
渡辺晃宏『平城京一三〇〇年「全検証」』（柏書房　2010）
苅部直・黒住真・佐藤弘夫・末木文美士・田尻祐一郎編『日本思想史講座1―古代』（ぺりかん社　2012）
小笠原好彦『聖武天皇が造った都』（吉川弘文館　2012）
勝浦令子『古代・中世の女性と仏教』（山川出版社　2003）
玉岡かおる『天平の女帝　孝謙称徳』（新潮社　2015）
廣瀬憲雄『古代日本外交史』（講談社選書メチエ　2014）
桃崎有一郎『平安京はいらなかった』（吉川弘文館　2016）
井上満郎『桓武天皇』（ミネルヴァ書房　2006）
川崎一洋『弘法大師空海と出会う』（岩波新書　2016）
川尻秋生『平安京遷都』（岩波新書　2011）
川尻秋生『平将門の乱』（吉川弘文館　2007）
渡辺晃宏『平城京と木簡の世紀』（講談社学術文庫　2009）
瀧浪貞子『藤原良房・基経』（ミネルヴァ書房　2017）
杉本苑子『檀林皇后私譜』（中公文庫　1984）
古瀬奈津子『摂関政治』（岩波新書　2011）
杉本苑子『山河寂寥』（文春文庫　2002）
『岩波講座日本歴史　第4巻　古代4』（岩波書店　2015）
坂上康俊『日本古代の歴史5　摂関政治と地方社会』（吉川弘文館　2015）
佐々木恵介『日本古代の歴史4　平安京の時代』（吉川弘文館　2013）
佐々木恵介『天皇と摂政・関白』（講談社　2011）
倉本一宏『藤原道長の権力と欲望』（文春新書　2013）
倉本一宏『藤原道長「御堂関白記」を読む』（講談社選書メチエ　2013）
荒木浩『かくして「源氏物語」が誕生する』（笠間書院　2014）
小池清治『「源氏物語」と「枕草子」』（PHP新書　2008）
『岩波講座日本歴史　第5巻　古代5』（岩波書店　2015）
平川彰『インド・中国・日本　仏教通史』（春秋社　2006）
山内晋次『平安・奈良　外交から貿易への大転換　なぜ、大唐帝国との国交は途絶えたのか』（NHK出版　2013）
河添房江・皆川雅樹編『新装版　唐物と東アジア』（勉誠出版　2016）
山本淳子『平安人の心で「源氏物語」を読む』（朝日新聞出版　2014）
松薗斉『日記に魅入られた人々』（臨川書店　2017）
倉本一宏『戦争の日本古代史』（講談社現代新書　2017）
高田貫太『海の向こうから見た倭国』（講談社現代新書　2017）
澁澤龍彦『高丘親王航海記』（文春文庫　2017）
高島正憲『経済成長の日本史』（名古屋大学出版会　2017）
児玉幸多編『日本史年表・地図』（吉川弘文館　2017）
歴史学研究会編『日本史年表　第5版』（岩波書店　2017）
出口治明『仕事に効く　教養としての「世界史」Ⅰ・Ⅱ』（祥伝社　2014、2016）
出口治明『「全世界史」講義Ⅰ』（新潮社　2016）
出口治明『人類5000年史Ⅰ　紀元前の世界』（ちくま新書　2017）

初出　「週刊文春」２０１７年１月５・12日合併号～２０１７年10月19日号

写　真　時事通信
　　　　文藝春秋写真資料部
装　丁　征矢武
構　成　飯田一史
ＤＴＰ　明昌堂

出口治明（でぐち はるあき）

立命館アジア太平洋大学（APU）学長、ライフネット生命保険株式会社創業者。1948 年三重県生まれ。京都大学法学部卒業後、72 年日本生命保険相互会社に入社。企画部、財務企画部にて経営企画を担当し、ロンドン現地法人社長、国際業務部長などを経て、同社を退職。2006 年ネットライフ企画株式会社（2 年後、ライフネット生命保険株式会社に変更）を設立、代表取締役社長に就任。13 年より代表取締役会長。 17 年取締役を退任、18 年よりAPU学長に就任した。著書に、『生命保険入門 新版』(岩波書店)、『世界史の 10 人』（文藝春秋）、『仕事に効く 教養としての「世界史」』（I・II、祥伝社）、『人生を面白くする 本物の教養』（幻冬舎新書）、『「働き方」の教科書』（新潮社）、『「全世界史」講義』（I・II、新潮社）など多数。

0《ぜろ》から学《まな》ぶ「日本《にほん》史《し》」講義《こうぎ》

古《こ》代《だい》篇《へん》

2018年2月25日　第1刷

著者

出《で》口《ぐち》治《はる》明《あき》

発行者

鈴木洋嗣

発行所

株式会社 文藝春秋

〒102-8008　東京都千代田区紀尾井町3-23

電話　03-3265-1211（代表）

印刷所

凸版印刷

製本所

加藤製本

ISBN978-4-16-390771-0